健康応援都市みはら

佐木島ガイドブックを持って砂浜を歩こう

大塚　彰 編著

大学教育出版

巻頭言

三原市市長　五藤　康之

『健康応援都市みはら―佐木島ガイドブックを持って砂浜を歩こう―』の発行、誠におめでとうございます。

佐木島は、古来より海上交通の要であり、文化の行き交った回廊に位置します。近年では、モスクワ国際映画祭グランプリに輝いた新藤兼人監督の「裸の島」により広く知られることになりました。また、1990（平成２）年から、島の皆さまの手づくりによる「トライアスロンさぎしま大会」が開催されており、映画とトライアスロンの島として認知されてきました。

さて、1995（平成７）年４月に県立広島大学の前身である広島県立保健福祉短期大学（2000年４月に広島県立保健福祉大学開学）が三原の地に開学して、早13年が経ちました。この間、地域の保健医療・福祉の向上に多大な御貢献をいただいてきましたことに深く感謝いたしております。また、2006（平成18）年4月に「包括的連携・協力に関する協定」を締結し、これまで以上に市と大学が連携し、地域課題の解決や住みよいまちづくりをめざすことになりました。保健・医療・福祉の向上はもちろん、観光、教育、文化の振興、環境保全など多岐にわたります。

三原市では2006（平成18）年度より滞在型観光促進事業に取り組んでいます。佐木島を舞台に地域住民と豊かな自然景観を活用した事業を実施し、着実な成果をあげていけるのも連携・協力いただいている県立広島大学のお力添えによるものと感謝いたしております。

このような機会に、地域に根ざし、科学的で分かりやすい書籍を発行されましたことは大変ありがたく御同慶の至りでございます。

これからも市と大学が手を取り合って、三原市のみならず、全国に向けて、健康づくりやまちづくりで貢献できる都市を創っていくことをお誓いしまして巻頭言といたします。

はじめに

県立広島大学三原地域連携センター長
大塚　彰

佐木島のガイドブックを発刊するにあたり、代表者の一人として、発刊までの経緯などにつき、お話させて頂きます。

私たち県立広島大学保健福祉学部の研究（？）グループと佐木島との関係は、平成17年度の大学の研究助成制度である重点研究の内の課題研究の遂行からです。この課題は三原市の職員による自主研究グループ(吉原代表)から小佐木島の砂浜の活用に関する共同研究の提案を引き受けたことから始まりました。予てより、私たちのグループは、歩行や履物の研究を展開していましたから、「砂浜歩行」に着目しました。小佐木島は本当にきれいな粒子の異なる砂浜が点在し、海浜植物も豊かな島です。実験実施時には渡船が廃止された後でしたので、特別に渡船を動かしていただき、大荷物を持ち込みました。その時の、学生を含めた大学スタッフ20名より少ない島住民数でした。しかし、とても大事にして頂き、鶏卵やミカンの差し入れに、感謝しています。実験の結果は、砂浜歩行が「足の健康」に良いと思われる特性を見つけることができました。

18年度は、大学と包括協定を締結している三原市から研究助成を受けて、研究場所を渡島に便利な「佐木島」に移して、学生の卒業研究の課題として位置づけて、「島遍路と砂浜ウォーク」で積極的に展開しました。多くの学生の参加もあり、セミナーハウスをベースキャンプとして佐木島の長浜で歩行時の３次元動作解析、その際の筋活動電位の計測および心拍数の計測などの実験を行いました。その活動を基にして、三原市が広島県の助成を受けて開催した、ロングスティ・観光事業にも係りました。大学での健康講座や砂浜歩行を含めた佐木島ウォーキングに協力させて頂きました。これらを通じて、佐木島の方々とも触れ合う機会も多くなり、佐木島ガイドのグループの方々の島に対する熱い思いを感じました。ロングスティでは、本当に温かいおもてなしの数々に感動しました。

19年度も引き続き研究をさせて頂きましたが、この年度は国土交通省総合政策局と厚生労働省健康局による「国土施策創発調査」事業のテーマである「健康長寿社会の実現に向けた地域滞在型観光等の推進方策に関する調査」として全国５か所の市町村の一つに三原市が選ばれ実施され、大学も18年度のロングスティ観光事業と同様に協力させて頂きました。

以上のような、経緯の中で、佐木島観光ボランティアグループが作成しています、ガイドブックと私どもの研究結果およびロングスティでの講演などを基とした文章を一括して１冊にまとめたいとの思いで、本書の発刊に至りました。佐木島観光ボランティアグループの並々ならぬご努力の賜物であるガイドブックを頼りに佐木島を探索して頂ければ編著者冥利に尽きるものです。

良い佐木島の思い出をお持ち帰り下さい。

目　次

健康応援都市みはら

―佐木島ガイドブックを持って砂浜を歩こう―

第1章 映画「裸の島」と三原、佐木島の人々

1. お遍路、菜の花、蝶々の佐木島

蝶々に　巡礼の子の　遅れがち　　　正岡子規

県立広島大学（以下、本学）の三原キャンパスからは、佐木島、小佐木島、宿禰島など、多くの島々が望めます。

その佐木島では、いまもなお遍路が行われていると聞き、そのシーズンに島に渡りたいなあと思い続けています。しかし、この子規の句を思い出し、楽しくなって、願望を抑えています。

気候温暖な島に、桜が咲き、菜の花が一面に広がり、蝶々が舞っています。お遍路の一行のなかの、幼い子が、ひらひらと近づき遠ざかる蝶々に気をとられ、手をあげて追い、つい遅れます。呼ばれて、急いで戻りますが、やはり、また、蝶が気になり、列から離れそうになります。

子規は、実は、四国の巡礼を見て詠ったのですが、私は、佐木島の春というと、まだ見ぬ情景なのに、ふくらむ懐かしさとともにこの句を思い出します。

佐木島のお遍路といえば、本学の大塚彰教授が三原市の研究助成をうけ「佐木島健康『お遍路』構想」を展開されて、学生たちと砂浜歩行で足指運動の効果を解析なさっておられます（中国新聞 2006.9.10 報道）。お聞きすると三原キャンパスの先生方も学生たちも佐木島が大変お好きなようで、いろいろなイベントをしばしばなさっているそうです。うらやましい限りです。

私にとって、佐木島は、桜に、菜の花、お遍路だけではありません。名画「裸の島」のロケ隊が合宿した島であり、また、メインの舞台である宿

爾島とともに撮影の行われたところでもあり、同映画をみた高校のころから訪問を切望していたところでもありました。

その「裸の島」の上映が、三原市の映画祭であるというのです。2008年の3月のことでした。

2. 音羽信子さんの知人と三原映画祭

三原映画祭は、2008年の3月15日と16日に、三原リージョンプラザでありました。残念なことに、私は、15日は庄原で、今年退職なさる野原建一教授（4月からは名誉教授）の退職記念の会が同教授の学識と人望を反映して本当に多くの方が集まる盛大に行われることになっていました。本学は同教授の貢献を殊のほか多としておりますから、私にとって優先順位第一位でこちらに参加しました。それで、新藤兼人監督の「裸の島」（15日上映）には行けませんでした。私としては、映画に出演なさったり、いろいろの形でこの映画づくりに関係された方々と、この映画を同じ会場で見て、どんな雰囲気になるのか感じてみたかったのですが、それは果たせませんでした。

しかし、16日の午後には神山監督の「北辰斜めにさすところ」という映画を鑑賞しました。旧制高校生を描いており、バンカラで暴れ、恋もするのですが、勉強も一生懸命し、なんといっても、自分たちが社会をつくっていくのだという気概、天下国家をつくるのは自分たちだという誇りが伝わり、映画にも感動しましたが、なんと、映画祭の委員長は本学と協定を結んでいるしまなみ信用金庫理事長の大藤氏でした。トークがあり、司会を実行委員会の中野さんとおっしゃる方がなさったのです。大藤氏の心のこもった挨拶と驚くほどの該博な知識を織り交ぜての中野さんの司会に感激しました。そして、三原は、さすがに小早川氏と浅野家の伝統があり、こんな挨拶と司会によって映画祭を開くほどに文化が深いのだと思いました（それを証拠だてる歴史的文物は三原に数々あり、私も折にふれご紹介はしておりますが、この文章の主題が発散しますので、別に機会に譲ります)。

そして、私は、映画を楽しんだだけでなく、春のやさしい風にふかれながら夕暮れ、海岸を歩きました。

島々に　灯をともしけり　春の海　　　正岡子規

実際に、この句のように、島々の灯を見ることまでできました。こんなよい半日はちょっとありません。

ところで、この映画祭に来ませんかと声をかけてくださったのは、「裸の島」の撮影のとき、乙羽信子さんに宿を提供なさったお家の方で、堀本さんでした。会場に設けられたパネル展示の写真を見ながら、音羽信子さんについてお話をお聞きでき最高でした（写真や資料を大量にお持ちですが、いつも時間がなく、私が見せていただいたのはごくわずかです)。音羽さんの知人、堀本さんとお知り合いになったのは、次のようなご縁でした。

３．映画「裸の島」と県立広島大学の大学人として

さて、堀本さんのお誘いで三原の映画祭に行く機会を得たのですが、堀本さんや佐木島の方々とお知り合いになりましたのは、次のようなことからでした。

2007年、本学の開学記念行事として、３キャンパスでリレー映画鑑賞会をし、それぞれに関係の深い映画をとりあげることとしました。そのとき、三原キャンパスでは、映画鑑賞として「裸の島」を上映しました。この映画は、このキャンパスから見える佐木島にロケの一行が宿泊し、佐木島と糸崎との間のお椀を伏せたような小さな島、宿爾島で撮影したものですが、これはおよそ大学人にとって、とりわけ、県立広島大学、そして、保健福祉学部（および保健福祉大学）で学ぶ方々にとって必見の映画だからです。

なぜ、必見かといえば、キャンパスから見える島、宿禰島で撮影されたからというより、厳しい労働でしか生きていく方法（水のないこの島の土地しか借りられなくて、毎日、佐木島まで伝馬船で何度も水を汲みに行き、その水をいれた２つの水桶を天秤棒にかけ坂を上って畑に運び、麦や芋に水遣りをして収穫し、小作料を納めて残りで生活するという方法）しかなく、その労働をしてもギリギリの生活。しかし、やはり子供を大事にして、少しでも余裕ができれば（大きな鯛を子供が釣ったのです。しかし、鯛を食べる贅沢はとてもできず、尾道まで売りに行くのです。苦労して漸く売れ）、そのお金で、町の埃っぽい食堂でカレーライスや親子丼などを一緒に食べるというささやかな「贅沢」をし、子供に新しい「ランニングシャツ」、おもちゃも買ってあげます。そのように苦しくても家族仲良く生活している親子４人の家族。かつての日本のどこにでもあったようなこのような家族の話ですが、三原市の糸崎からみれば、春の海に浮かぶ宿禰島にも他の島々と同様、夕刻はこの家族の灯もともっていたでしょう。

島々に灯をともしけり春の海　　　正岡子規

のどかで、平和でほっとする光景です。

ところが、夏、両親が水汲みに、佐木島に行っている間に、長男が突然の熱病で倒れます。戻ってきた両親、父親はまた佐木島へ医者を呼びに行きます。医者は往診中で、その医者を追っかけて出会い、伝馬船に乗ってもらい宿禰島の家につくと、手遅れでした。

平地で水もあり、また、段々畑でも水が出、集落に住まいを構えられれば、連絡も早くでき、また、医療などのケアが救急で受けられる体制があれば、この不幸は起きてはいないわけです。

そんな宿禰島などに住まなければよいといえばそれまでですが、現在の日本でもフリーターをして30代も後半になった人々に、このテーマは重なります。また、世界をみれば、仕事がなく、この裸の島の家族のように、遠方まで歩いて水を求め、飢餓に苦しんでいる家族が多いこと、その人たちにも医療ケアの必要なことを思い起こせば、およそ大学で学び研究する者にとって、この映画は、どうしても見て考えていただきたい映画だといえます。これが、リレー映画鑑賞会ではこの映画を取り上げた理由でした。

しかし、この映画は、説明文が３つ、せりふが一か所（それも罵声のみ）しかない映画ですから、そのまま見たのでは、わかりにくくなります。

それで、私がある程度解説をした方がよいと思いました。それで、宿爾島へも参り、佐木島で、音羽信子さんが水を汲んだところや、地主の家、それに、ロケ隊の合宿所などを見学に行きました。

そのときに、堀本さんの実家の、音羽さんが寝泊りされたお部屋もご案内いただきました（大きな記念碑もお建てでお家の壁には案内看板もあります）。そして、佐木島では、音羽さんに伝馬船の漕ぎ方を伝授したという別の堀本さん、みかんなどの農園を経営の御畑完治さんや多くの方にお話をお聞きしました。

三原映画祭には、御畑さんは 15 日にお越しということで、私とはすれ違いでした。一度、杯を交わしましょうと約束しているのですが、まだ果たせていません。

４．ベネディクト「菊と刀」と「裸の島」

新藤兼人監督のこの「裸の島」は、モスクワ映画祭でグランプリ受賞した国際的な名作。『イワン・デニーソヴィチの１日』や『ガン病棟』等の作品で知られるロシア（ソ連）の作家、ソルジェニーツィンも「強烈な印象を与えられた」と絶賛する。世界 66 か国で上映されたといいます。

だから、この映画を見た多くの人が「水だけを汲んでいる」「わかりにくい映画」という評をなさることが多いにもかかわらず、世界中の人がよく理解でき、かつ感動する映画であることは確かです。

しかし、なぜ日本の人が分かりにくく、外国の人にわかるのかといえば、その鍵は３つだと思います。

①「せりふ」がないこと：「せりふ」がないので、日本語と外国語の制約がない。見ただけで、音だけでわかるようにつくらなければならない。1960年という時代にあって、日本の文化を理解できる人は少ない。そのとき、「せりふ」や言葉で説明しようとすれば、長い入念な説明がいる。だから、「せりふ」なしで理解を得られるようにつくるほうがよかった。しかし、日本の文化が分からない場合、「せりふ」なしで分かってもらうのは大変である。
②ベネディクト「菊と刀」：この書は日本人の心と文化を欧米に理解させたベストセラーであるから、欧米の知識人は誰でも知っている。菊作りに熱心な、美しいものを芸術的に作りあげる日本人がなぜ、刀を愛し、切腹したりと残酷なことをするのか、それは欧米人からみると理解できない矛盾に満ちた行動だけれど、日本人からは、花の美しさを作り上げ愛でるのも、人として「恥をうけず」、立派に生きる（だから立派に死ぬ）ということとは決して矛盾はしないのだということで、「菊と刀」を示せば、日本の文化的背景を前提にこの映画を見てもらえることになる。

そう見れば、母親も父親も、そして子供も２人とも、苦しさに文句を言わず、それぞれのおかれた立場において、誰からもはずかしめられることのない懸命な働きをして、苦しい生活の中で、愛し合って生きていることが、克明に描かれていることがわかる。両親は、重労働の繰り返しに耐え、子供も薪用の流木を集め、ヤギやアヒルに餌をやり、必死に働く。母親に甘えるのも控え、母親の姿を追うだけで我慢する。年貢もきちんと、礼を尽くして地主に納め、貴重な水と薪をつかっても熱い風呂に入って体を清め、清潔な身なりをし、 贅沢はせずとも余裕ができればささやかな贅沢を家族一緒に楽しむ。こういうシーンは欧米人も感動するはずである。

そのことが分かるように、長男が死んだあと棺をお墓まで運び、忘れたというのでおもちゃの刀を母親が取りに家にかえり、棺にきちんと置く（このことで刀を強調している）。そして、墓標がうつると５輪の菊が供えてある。この子も小さくともこころは侍、貧しいなかで、懸命に自分の役割を果たし、立派に生きた（恥ずかしいことはしなかった）。こころに刀をもっていたのであり、刀を持って旅立つ。

③しかし、なぜ、このような苦しい生活、水のないで、敢えて生活をするのか。その説明は必要である。そこで、映画の冒頭で、三つの説明句が示される。①「耕して天にいたる」、②「乾いた土」、③「限られた土地」である。平地が十分であれば、このような土地にしがみつくことはない。しかし、人口に比べて、土地が限られているので、水利のいい平地はもう誰かが所有したり借りたりしており、残されていない。この家族にはこういう土地しか残されていなかったのだという説明である。

日本全体が貧しいのかといえば、そうではない。子供が釣った鯛を尾道に売りにいくと商店の店頭にはTVがすでにある。単に商品としてあるだけではなく、この家族がロープ・ウェイに乗ると、ロープ・ウェイが屋根をかすめていくが、そこにはTVアンテナがあり、アンテナな何本かある。したがって、1960年の少し前にすでにTVは日本の家庭で持っている家がかなりあることを見せている。だから、このような厳しい生活をこの家族がしているのは、土地が限られていて、農業をする人のなかには、このような土地しか耕せない人々がいるのだということになっている。

実は、こうして見て来ると、農家のよい土地とは、労働者にはよい仕事口であるから、過酷でかつ生活がギリギリの賃金しか受け取れない仕事口は、現在でも多く、ワーキングプアの問題に行きつくでしょう。現代の「裸の島」は、立派に生きようとするワーキングプアの問題と重なります。「裸の島」は、現代においてなお色のあせることのない名画ということがよくわかります。

佐木島の方々、三原の映画祭の方々にはお礼を申し上げたいと思います。

（赤岡　功）

第2章　佐木島観光ウォーキング

1．はじめに

平成 17 年２月に大平山の登山道を復元したことがきっかけとなって、佐木島を訪れる人が増えてきました。これまで、佐木島の見どころを紹介しながらウォーキングをしたとき、史跡案内や言い伝えを熱心に聞いてもらいました。私たちの古里の話で喜んでくださる島外の人たちを見て、こちらが元気をもらいました。

佐木島には、美しい自然と先人によって培われた歴史や伝統文化、人情など誇れる財産が沢山あります。この島の素晴らしさを島民自身が再確認し、次世代に伝えると共に、来島者を歓迎する気持ちを持ち、話しかけたり、案内する受け入れ体制があっても良いのではないかと感じました。

そこで、この輪を拡げるためのテキストとして、「佐木島ウォーキングガイド」を作成しました。

2．佐木島の観光案内

佐木島は現在、467 戸、1057 人程で、少子高齢化が進み高齢化率 49%

表 2-1　平成 18 年の状況

地区	戸数	人数
佐　木	196	439
向　田	161	329
須ノ上	110	289
計	467	1,057

表 2-2　人口等の推移

年	戸数	人数
明治44年	543	3,071
昭和 7年	527	2,568
昭和31年		3,179
平成18年	467	1,057

（2人に1人が65歳以上）となっています。

主な農産物は、ミカンなどの柑橘類・ワケギ・メロン・スイカなどがあります。

島を徒歩で一周しますと約12km（県道一周は10km）で、ウォーキングには適した距離ではないかと思っています。

（1）大野浦海岸～長浜～向田方面

①大野浦海水浴場

５年をかけて、平成19年度完成の海水浴場です。美しい自然海浜に手が加えられましたが、自然にマッチしたきれいな海水浴場となりました。（シャワー使用料　100円）是非、ご利用ください。

道路の向かいにある建物は「佐木島プロジェクト」と呼ばれています。1997年の日本建築学会賞を受賞した建物で、建築家鈴木了二氏の設計です。

②広島県大野浦自然海浜保全地区

広島県指定昭和55年8月1日

参考：広島県自然海浜保全条例　抜粋

1　水際線付近において砂浜、岩礁その他これらに類する自然の状態が維持されているもの

2　海水浴、潮干狩りその他これらに類する用に公衆に利用されており、将来にわたってその利用が行われることが適当であると認められるもの

③宿祢島（すくねじま）

宿祢島の名称は、大和時代　神功皇后に従って新羅に出兵した武内宿祢（たけのうちすくね）が、皇后の子である幼少の応神天皇を相続争いの危険から守り、宿祢島にかくまったという伝説から、又、後に、地方の豪族であった御調の真備人が島に武内宿祢を祀った事から宿祢島と呼ばれています。

宿祢島は、昭和35年に新藤兼人監督で映画「裸の島」のロケ地になって注目されるようになりました。ロケ地ということで、現在でも映画ファンが遠方からわざわざ見に来られ、平成15年には宿祢島に上陸するイベントもありました。

かつては、老人（警察を定年退職した尾道の人）が一人住んでいましたが、現在は無人島です。

また、宿祢島からは、旧石器時代の石器が出土しており、歴史的にも　宿祢島遺跡として注目されています。

④小佐木島

海岸は、ほとんど手付かずの自然が残っており、岩場も多く、海草なども豊富で釣りや貴重な海浜生物も生息しており、「瀬戸内のエコミュージアム」と言われるほど自然観察に最適です。（植物：ハマボウフウ、ハマゴウ、ハマオモトなど　動物：スナガニ、カメノテ、マツバガイなど）

大正時代は機帆船の造船所があり、大変栄えて賑わいをみせていましたが、現在は、戸数10戸、人口12人で過疎化が進んでいます。昨年までは、フェリーが通っていましたが、現在は、三原港から3往復の高速船便となっています。

ハマゴ

ハマボウフウ

⑤柄《え》鎌《かま》瀬戸自然海浜保全地区（広島県指定　昭和59年3月31日）

この狭い海峡は、潮の流れが速く、海底の岩場や潮流も複雑で、ギザミ、メバル、チヌ、蛸などの魚類も多く、釣り場として知られています。

⑥長浜海岸からの眺め

夕日がすばらしい（サンセット）海岸です。

前方は、須波・幸崎・高根島の方向になります。

この海岸の砂浜は大変に広くて長く、瀬戸内海の多くの島の中でも海岸線島の中でも、自慢できる素晴らしい砂浜です。

⑦幸ノ神（神社）

こちらは通称「サイカミ」と呼ばれています。祀られているのは猿田彦の尊（サルタヒコノミコト）で道祖神、庚申さんとも呼ばれている道の神さんです。この地が昔、国境でした。

境より北が備後の国、境より南が安芸の国であったことから、この境に外界からの疫病など災いをもたらすものの侵入を防ぐ信仰があり祀られたのだそうです。

⑧第五北川丸遭難者慰霊碑

前方の岬の上に建っているのは、第五北川丸遭難者慰霊碑です。昭和 32 年４月 12 日に瀬戸田耕三寺の花見帰りの団体客を乗せた定期船第五北川丸が寅丸礁（現在灯台が設置されている）に座礁して沈没、死者 113 人を出す大惨事が起きました。犠牲者を追悼するため、寅丸礁を臨む丘の上に慰霊碑が建立されました。

地元では、このような悲惨な事故が２度と起きないことを願って、有志によって参道の整備や慰霊碑周辺の樹木の剪定や清掃が行われ慰霊祭が毎年４月に行われてきました。今年は（平成 18 年）は、50 回忌を迎え、三原市観光協会主催により、約 300 人の遺族・関係者が参列して盛大に慰霊祭を開催しました。50 年もの長い間、ボランティアで慰霊祭を続けてきた向田地区の人たちは、今後も清掃と供養

は続けていくと話しています。

⑨磨崖和霊石地蔵

こちらは県の重要文化財に指定されているお地蔵さんで、通称「和霊石地蔵さん」と呼ばれています。静かな入り江に西を向いて鎮座するお地蔵さんは、満潮になると肩まで沈み、干潮になると全身が現れるという全国でも類を見ないお地蔵さんです。

鎌倉時代の後期1300年に平茂盛なる人物が願主となり、仏師念心によって造立されました。東西南北各１町において殺生禁断の地とし、また、お地蔵さんの大神通力をもって、人々があらゆる悪い境遇に落ちないようにお守りください、というような内容が刻まれています。磨崖和霊石地蔵尊は、現実界のみならず冥界においても永遠に大悲をもって救済してくださる尊いお地蔵様です。

毎年、７月の終わりの土曜日の潮が引いた夕方から法要がおこなわれ、お地蔵さんへお参りをしています。夜店なども出て、夏の夜の楽しい行事となっています。機会がありましたら、是非、お出かけください。

⑩トライアスロンさぎしま大会

佐木島の活性化・元気のある島づくりを目指して、平成２年から毎年８月最終の日曜日に、「トライアスロンさぎしま大会」を開催しています。県内では、唯一の開催地で、全国から約300人の選手とニュージーランドからの招待選

手２名、その他数名の外国選手が出場しています。関係者・応援者・ボランティアを含めると 700 ～ 800 人の人数となり、この島が熱くもえる１日です。

大会の一週間前には、向田湾岸から対岸の割石半島にロープを渡し、こいのぼり 50 匹を揚げます。当日は島内の町内会・女性会・老人クラブをはじめ、ほとんどの人がボランティアとして参加し、島をあげての一大イベントになっています。（当日は、10 ～ 14 時まで県道は全面交通止めとなる。）

夏の炎天下での過酷なレースとなりますが、島民の懸命の対応や応援に選手も励まされ、毎年多くの鉄人が参加されています。

☆参考　トライアスロン大会の競技内容
水泳　1.5km　　自転車　42km（島４周）
マラソン　10 キロメートル（島１周）

⑪塔の峰千本桜

前方の小高い峰が塔の峰です。小高い山の一面に、桜の木が 1,000 本以上植えられています。以前はみかんの畑でした。「美しい自然のあるふるさとを守ろう」との地域の願い（運動）により、三原市から苗木の提供を受け、平成４年（1995 年）から数年かけて植樹が続けられました。地域全員で取り組んだ活動に対して、「全国育樹活動コンクール」で林野庁長を賞を授与されました。その後、植え続けられて現在では 1,200 本以上になっています。

毎年、４月初旬「向田さくら祭」が行われ、桜の木の下で海を眺めながら楽しいひとときを過ごします。最近では木も大きくなり、観光会社のツアーの花見客が訪れるようになっています。

塔の峰の千本桜は、地域づくり

の結晶として、今、開花しています。

⑫大平山

佐木島の最高峰で、267.5 mの高さです。平成17年2月に「さぎしま架橋促進委員会」のメンバーが中心となって、この山の登山道が整備されました。登山ルートは佐木・向田・須ノ上の各地区から登れるように3ルート整備されています。県道から約40～50分位で気軽に登れるようになりました(鷺港から幸神登山口を経由して頂上までは1時間30分くらいかかります)。

頂上からは、東西南北が展望でき、瀬戸内海の島々・海・空の美しさはとても素晴らしく、まさに絶景です。また、登山途中にも絶景スポットがあります。

⑬千畳敷

大平山頂上から北側に少しおりた平らなところが「千畳敷」と呼ばれています。言伝えによれば、宮島に祀られている「市杵島《いちきしま》姫命《ひめのみこと》」が、宮島に定住する以前に安住の地を求めて、この島の大平山に登られました。頂上から見渡すことのできる美しい島々の景色を大変気に入られ、この地に住もうと広さを測ったところ、畳が999畳しか敷けませんでした。安住するには1,000畳ほしいと思っていましたが、景色があまりにも美しいので住むことに決めました。ところが草むらから大きなキジの声がしました。キ

ジが嫌いだった市杵島姫命はびっくりして大平山から飛び降り、この地をあきらめて去っていかれました。

市杵島姫命が飛び降りた際に、その勢いで岩が二つに割れたと伝えられており、そのあたりを現在も「割石」と呼ばれています。

この地を去った市杵島姫命は、宮島を安住の地とされました。なお、これと同じような伝説は大崎島にもあるそうです。

⑭向田　亀山八幡宮

1124年に丸山朝臣源歳国が京都石清水八幡宮の御分霊を勧請《かんじょう》されたとの説があります。

社紋は石清水八幡宮と同じ「左三つ巴」の紋が使われています。

広い石段と両サイドの34基の燈籠は、非常に立派です。向田地区は明治以降、神道が多く、神社が信仰の中心であったことが伺えます。

⑮さぎしまふるさと館

佐木島の生活・文化・歴史等の発信の拠点として、平成19年4月開設されました。

（2）向田〜須ノ上〜佐木

⑯扇浜・割石島

天保の頃、佐木島の先覚者　西原庄蔵氏は土地を広めて生活を豊かにしたいと考え、当時、海で隔てられていた割石島との間を埋め立て、そこに「扇浜塩田」を作りました。

天保元年から6年かけ、私財を投げ打って完成にこぎつけましたが、潮流がはやく、せき止めるのに何度も失敗し、難工事でした。向田の亀山八幡宮にその徳をたたえて「西原庄蔵頌徳《しょうとく》碑《ひ》」が建てられています。

扇浜の北側は、18 年 10 月に住民の手づくりでグランドゴルフ場が開設され多くの島民が楽しんでいます。

⑰下鷺島（南側）・上鷺島（北側）

眼下に見える小島が、海の上の置物のように白砂の上に三つづつ並んでいます。この辺りは、眺めが良いので別荘がたくさん建てられています。

また、島の周辺は釣り場としても知られています。

上鷺島　　下鷺《しりさぎ》島

⑱小湯舟山の三十三観音

大平山の南側にある小高い山にあり、通称「観音さん」と呼ばれています。

昭和３年に須ノ上地区の湯浅亀松氏と息子の正盛氏が、芋によって多くの人の命が救われた事に感謝し、併せて、他の穀物が豊作でありますようにと小湯舟山に観音さんを祀ることを発起し、西国三十三観音を模して、45 名の方々の賛同者を得て建立されました。

毎年、花見の時期に講（祭）が行われています。左から 33 番観音不動明王薬師如来弘法大師１番２番～ 32 番の順。

⑲お大師さん（佐木島八十八か所一番札所）

島の人々は信仰心が篤く、元禄の頃（1688）より、多くの人が四国巡礼をしてきました。

しかし、島に住む人々にとっては、四国への巡礼は容易なことではありませんでした。そこで、島内に極ミニ版の八十八か所の霊場を設け、四国八十八か所巡りと併せて日常的に巡礼できる島内八十八か所を巡礼するようになって来ました。

島内八十八か所は大正の初め頃に設けられ、順番に番号が付されています。1番は須ノ上地区の石鎚山真言宗鷺浦教会から始まり、向田地区－佐木地区へと島を一周して、88番は須ノ上地区で終わっています。

結婚式が各自宅で行われていた昭和30年代までは、八十八か所のお大師さんが若い衆（青年）によって、祝儀の家に運ばれ祝うという風習がありました。これは、お嫁さんの腰がその家に座るようにという願いからのようです。結婚式が終わるとその家の人によってお大師さんが戻されましたが、戻す場所が換わったりして、現在では順番が設置のされた頃とは違ってきているようです。お大師参り（お大師講）は、旧暦の3月21日と11月21日に行われてきましたが、今はそのあたりの日曜日に行われています。当日は「お接待」といって、お菓子や食事などがお大師講の方々によってふるまわれています。

八十八か所全部を徒歩で巡拝しますと、15km、５、６時間はかかります。

⑳須ノ上　恵美須神社

須ノ上の沖合いで漁民が不思議な霊感にあい、須ノ上に帰って人々に話す。向田神主丸山権之助年詣が願主となり、文明２年（1470）出雲国の三保神社より須ノ上の生名山に勧請したという。えびす神は、福徳招来、商売繁盛それに、海を領する神様です。

明治維新の際、当時の社掌に西原太郎治が、今までの神社名「蛭子神社」を「恵美須神社」と改めた。社紋は丸につる柏。

㉑佐木（鷺）大明神

久登志の山の中腹にある佐木（鷺）大明神は、霊験新たかな神様として知られ、中腹にお堂があります。上の方には岩山があり、昔は修行の場でもあったようです。

風光明媚な所で毎年４月初旬（12日）に祭りが行われています。昔から、この日は「弁当開き」とも言われ、おまいりとともに大人も子供も楽しみにしてきた１日なのです。桜も植樹されおり、酒を酌み交わし日頃の出来事を語り合い、親交を深めています。

㉒タナハシ島

潮が引くと歩いて渡れます。周囲の岩場には、ワカメなどの海草が採れ、サザエなどもいます。以前は、岩場の上に松の木が一本生えていましたが波の影響で枯れてしまいました。

（3）佐木地区

㉑安楽寺山門

昭和 54 年に三原市重要文化財に指定されました。この山門は三原城内にあった「御成御門《おなりごもん》」を明治 10 年に頼と親交のあった第八代の良応《りょうおう》上人によって、現在の地に移築されたもので、天正年間（1572 ～ 92）に建てられたものです。

御成御門とは、高い位の人たちを迎えるために設けた四脚門で、室町から江戸時代にかけて諸大名が権勢を競って建てた門です。したがって、安楽寺の山門は、当時の文化の高さを知ることができる貴重な文化遺産です。

宝篋山《ほうきょうざん》安楽寺の御本尊は大日如来、宗派は真言宗です。

㉔寺山の三十三観音

寺山には、今から 220 年前（1786 年）造立の三十三躰の観音さん（石仏）が安置されています。天明３、４年の全国的な大飢饉のとき、多くの餓死者が出ました。

安楽寺の第五代宥心忍長《ゆうしんにんちょう》住職が信徒に図り、家内安全、五穀豊穣を祈願し、有志が一躰づつ石仏を造営安置したものです。

この観音様（石仏）を安置した各家には、安楽寺より厨子に入った観音様が贈られています。背面には「天明六丙午年三月吉辰日奉為新造立○○番○○観音一躰○○○○拝之」と書かれています。この観音様は佐木・向田・須ノ上区とも、関わっていた各家に安置されていると思われます。

㉕寺山の芋観音

山の中腹にお堂があり、大きな自然石に観音像が彫られて祀られています。明治３(1870) 年に造立された通称「芋観音」と呼ばれている、彩色もある美しい大きな観音像です。因島から嫁入りのとき種芋を持ってきたが若くして亡くなった人に感謝と供養のために作ったものではないかという説がある。

㉖比呂神社

861 年に創祀された佐木島第１の古社です。由来によると、861 年摂津の国・広の豪族広安友が南海の海賊討伐へ行く途中で、船内で疫病が多発し、佐木島に停泊したその際に広家先祖の霊と阿弥陀三尊を祀り祈願したことにより創建された。広安友への敬意の念が強かった地域の人々が社《やしろ》を設け、広明神として祀ったものと思われます。その後、広　安友の広から比呂神社になったようです。

㉗小浦八幡宮

この社は、天正９(1582)年、小早川隆景公の家臣村上与市兵衛直盛が宇佐八幡宮の御分霊を勧請す。と書かれています。

昭和 54 年に、小浦八幡宮四百

年祭が行われました。 かつて、佐木島はウバメガシの自然林が中心だったと考えられています。

この社の周囲は、奇跡的に自然林が残っており、県内最大のウバメガシの巨木を観察することができます。

㉘さぎしま港の丘公園

平成 10 年「佐木ふるさと保存会」によって造られ、この公園の名称を子ども会を通して募集し、「さぎしま港の丘公園」と決まりました。

春には桜が美しく、あずまやの休憩所もあり、沖を行き交う船を見ながら一休みできる心癒されるスポットです。船を待つ間に上って見られてはいかがでしょう。佐木区の「緑花会」が、管理・運営に当たっています。

㉙自由市場

平成 16 年に、「鷺緑花会」のメンバー（20 人）によって出店しました。自宅の菜園で採れた野菜類・柑橘類など持ち寄っており、無人販売をしています。

値段も安価で、新鮮なこともあり、 島外から来られた方も利用しており、評判は大変良いようです。島内の人も船に乗って出かけるとき、お土産に持って行くなど喜ばれています。

（4）季節の見どころ

①春

＊桜

塔の峰千本桜・港の丘公園・佐木塩田跡・佐木大明神・北川丸慰霊碑・シャープ保養地・志呂谷の丘

＊つつじ

大平山・三十三観音さんをはじめ、島のいたるところに赤紫色（コバノミツバツツジ）や赤色（ヤマツツジ）のつつじが可憐に咲き誇っています。

＊わらび

大平山・三十三観音さんをはじめ、山の裾野に自生しています。

＊柑橘類の花の香り

5月中旬には、シュトラスの香りが島いっぱいに広がり、心身ともに癒されます。

②夏

＊夕日

夏至の頃の夕方、馬越の坂あたりから眺める夕日は、幸崎あたりの空・海を赤く染めて沈んでいきます。行き交う船も赤く染まり、とても素晴らしい景色です。

＊海水浴

島内の砂浜はどこもきれいで、どこでも泳げます。佐木の大野浦海岸・向田港近くの砂浜はとても人気があります (シャワー・トイレもあります)。

＊盆おどり

旧暦のお盆の８月14日　佐木、向田、須ノ上の各地区では新盆供養と共に盆踊りがあります。夕暮れから、12時過ぎまで最初は子供と共に、９時以降は大人が延々と踊ります。

太鼓に併せて汗びっしょりになっての盆踊りは、踊り好きにはたまりません。帰郷した人たちも、若いときを思い出しながら楽しんでいます。

③秋から冬

＊秋祭り

毎年10月には佐木、向田、須ノ上の各神社では神輿が出る秋祭りがあります。

向田・須ノ上地区では現在でも「だんじり」がでます。かつては、長男でなければ、だんじりに乗る４人はなれませんでしたが、少子化で乗り子が見つからず、島外の孫に乗ってもらうこともあります。

＊割石半島の紅葉

11月の中・下旬に紅葉が始まり、色も鮮やかでとてもきれいです。海にも映り、お地蔵さんあたりの松を近景にしてみると、一幅の絵を見るようです。

＊みかんのオレンジ色と大平山の紅葉との競演

みかん産地の佐木島では、秋が深まると畑はオレンジ色、山はハゼ・ウルシ・ヌルデ・サクラなどの紅葉のみごとな競演が見られます。

＊みかん狩り

生産者との話し合いで、みかん狩りが楽しめます。

＊満月

冬至近くの満月は、因島より昇ってきます。日没が早いため、あたりは暗くなり、須ノ上の志呂谷あたりから見ると、海面に月の光が一筋明るく光って伸び、神秘的な情景が見られます。

＊海霧

12月から1月頃、沼田川から冷たい川風が吹く寒い朝、小佐木島を中心にして、海霧が発生します。外気より海水の方が温かいからです。海霧は低く発生し、湯気のように立ち上っています。船で通勤していると、温泉の中を進んでいるように感じられます。写真マニアの格好の被写体になっています。

④一年中を通して

＊お花畑

須ノ上地区の「相須留会」のメンバーが、県道沿いに四季折々の花を植え、道行く人々を和ませています。トライアスロン大会に併せて、シンボルフラワーのヒマワリの花をたくさん植えられます。向田地区の「花見好会」（はなみずきかい）のメンバーは、地区の中央あたりの一角に花壇を作られています。区画も美しくお花のパッチワークのようです。チューリップが特にみごとで、4月第3土曜日にはチューリップ祭りを行っています。また、中央部にはビオトープもあり、めだかやホタルも住めるようにカワニナなども放流しています。

向田地区では、平成6年より「花と緑のまちづくり」をスローガンに「一家一年一木一花運動」をキャッチフレーズにして、各家庭の庭先や県道沿いにも花を植えて心豊かな地域になるよう心がけています。

＊魚釣り

この島は、農業を中心とした島ですが、多くの人が釣り船を持っており、趣味（レジャー）としても釣りを楽しんでいます。小佐木島を含め、島の周囲には絶好の釣り場があり、島外からも毎日のように釣りに来ています。タコ・ベラ（ギザミ）・カレイ・メバル・イカ・カサゴ（ホゴ）・グチ・タイな

ど種類も豊富です。

＊ヨットハーバー

向田港には、沢山のヨットや釣り船が係留されています。

（5）双鷺洲

①双鷺洲

佐木島と小佐木島を合わせて「双鷺洲」という呼び方があります。いつからそう言われているのか、定かではありませんが、江戸時代末期の代表的な詩人梁川星巌 (なやがわせいがん) によって、次の漢詩に詠まれています。

二月晦日拉都寧父諸子
遊糸崎海上有大小鷺洲
梁川星巌
詩酒還成半日遊
此生随処送悠々
他年夢裡求陳跡
細雨春帆双鷺洲

訳文

詩を作ったり、酒を飲んだりして、また、半日を遊んでしまった。わが人生はいたるところでのんびり悠々自適な生活を送っている。いつかある年に、古跡（岡岷山画で見ていた島々）を訪ねることを夢見ていたが、今、眼前には、細かい雨が降って、春風にのった帆掛け舟が大鷺小鷺の島々のあたりを行きかっている（まことにすばらしい景色だなあ）。

②「登覧画図」妙正寺蔵　三原市重文

現在三原駅正面にある。岡岷山画 藩命で享和２年（1802）作。

☆三原城を中央に左に妙正寺、右に筆影山、中央に瀬戸内海の島々を眺望した構成になっている。

☆この画を提示して多くの文人墨客に詩文を求め、「妙正寺寄題詩」が作成された。その中に梁川星巖の漢詩も編されている。

☆写真はほぼ同位置からの現在の眺め

(6) 佐木島の特産品

①佐木島の特産品

温暖な気候に恵まれており、柑橘類（みかん・ネーブル・八朔・甘夏・レモン・安政柑・晩白柚・デコポン・ハルミ・清見…など）ワケギ・メロン・スイカなどが栽培されています。

昔は、除虫菊・さつま芋・麦などが作られていました。耕地が少なかったため「耕して天に至る」の如く、山を切り開いて段々畑を耕し、想像を絶するような重労働がなされていました。今では、高齢化・過疎化が進み、昔の農地はほとんどが山林や雑草地になっています。

（7）宿泊・研修施設

①鷺浦コミュニティセンター（研修のみ）

場所：向田港前

問い合わせ：0848-87-5004

②三原市青年の家（さぎしまセミナーハウス）

場所：須ノ上鷺港から徒歩 40 分

専用自転車で 15 分

問い合わせ：現地　0848-87-5302

三原市教育委員会青少年女性センター

0848-64-9234

③サギ・セミナーセンター

場所：向田港から徒歩2分

問い合わせ：現地　0848-87-5007

三菱重工業労働組合三原支部

0848-63-446

http://www.cox10.com/sagi

④民宿「CAMP」

場所：佐木港から徒歩5分

問い合わせ：0848-87-5040

(8) 運動施設

①佐木グランドゴルフ場
②向田グランドゴルフ場
③佐木ゲートボール場
④向田ゲートボール場
⑤須ノ上ゲートボール場
⑥向田グランドゴルフ場

「さぎしまを愛するボランティアガイド」より編集
改訂2版1刷　2006年11月1日

連絡先　さぎしまコミュニティセンター
電話：0848-87-5004
三原市鷺浦町向田野浦675番地の4
http://www.jyaken.ne.jp

(三原市鷺浦町コミュニティ推進協議会)

第3章 ウォーキングの時に注意したい整形外科疾患

身体の運動をつかさどる筋肉、骨・関節を運動器と呼びます。運動器に関わる疾患が整形外科疾患です。この章では、ウォーキング時に運動器の痛み等で困らないように、代表的な整形外科疾患をあげ、その注意点を述べます。

1．変形性膝関節症

（1）どんな病気？

様々な原因で膝の関節軟骨が摩耗し、痛みが出現する病気です（図3-1）。感染、外傷のような明らかな原因があることもありますが、多くは、加齢、使い過ぎといったことが原因となっています。40歳以上の一般住民（都市部）を対象にした調査では、女性の約7割、男性の約4割でX線写真上にて変形性膝関節症が認められたと報告[1)]されており、特に中高年の女性に関しては、たとえ無症状でも変形性膝関節症の予備群と考えていいほど多い病気です。

（2）どんな症状？

最初は、膝がこわばった感じがするという訴えが多いです。次に、正座や立ち上がりのときに膝の痛みや、膝が伸ばしにくい感じがしてきます。このような痛みも、歩きはじめると徐々に消えていきますが、長時間歩くとまた痛みが出現してきます。この痛みは、膝の内側や膝のお皿のあたりに感じることが多いです。

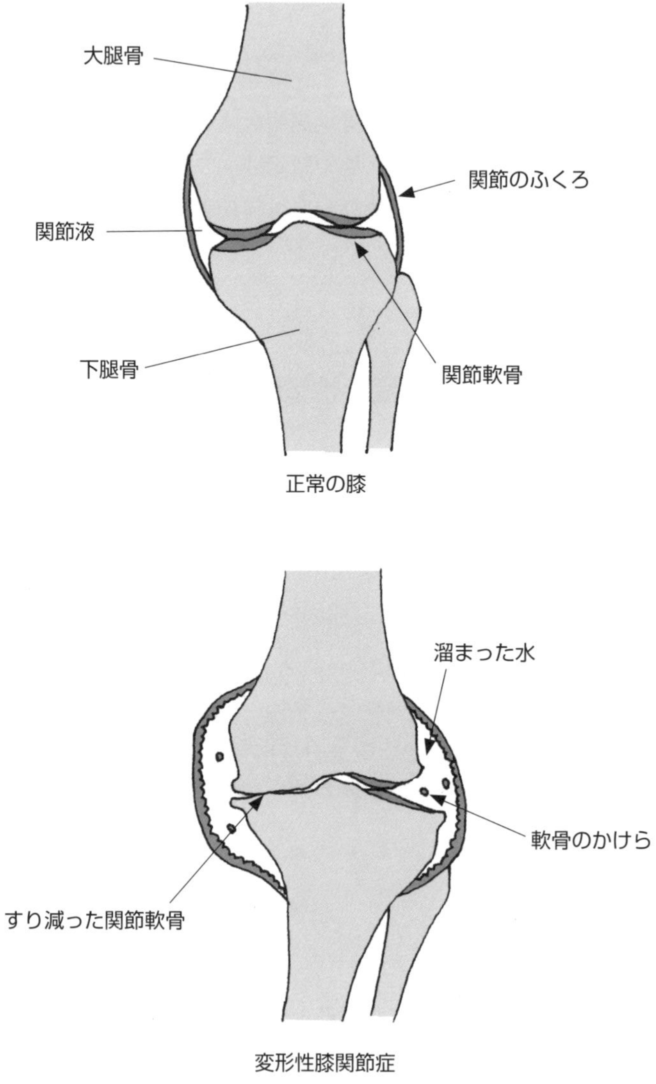

図3-1　正常の膝と変形性膝関節症

徐々に関節の動く範囲も制限されていき、正座ができなくなる、しゃがめなくなるという症状もでてきます。時に、すり減った軟骨のかけらが関節軟骨からはがれ落ち、膝の中で引っかかるときもあります。

膝に水が溜まるという症状も、よく知られています。もともと関節軟骨には血管がなく、関節液という液体で栄養されています。膝に水が溜まるという症状は、この関節液が病的に増えていることをいいます。多い場合は 100cc ほど溜まることがあり、関節が張った感じがしてとてもつらいものです。

これらの症状が増悪していくと、長距離歩行は困難となり、日常生活が大きく制限されます。また、歩くときの痛みは、関節軟骨がすり減ると同時に膝が不安定になり、ぐらつくことで出現するといわれています。

（３）治療は？

保存的治療と手術的治療の二つがあります。人は誰しも手術を受けたいわけではありません。まず保存的治療を行い、その結果自分の満足できるまで改善しないときに手術を受けることになります。ただし、手術療法でも、若い頃の膝に戻るわけではありませんから、長所と短所をよく理解して受ける必要があります。

保存的治療には、減量、日常生活の注意、薬物療法、物理療法、運動療法、装具療法などの多くの方法があります。多くの治療法があるということは、これさえあればいいというような決め手の治療法がないということを意味しています。つまり、関節の状態と症状にあわせて治療が必要です。

まず、減量について説明します。体重が膝にかかって関節軟骨が摩耗していく訳ですので、体重は軽い方がよいに決まっています。５～10kg の減量のみでも症状の改善する例が多いといわれています。ただし、安静にしたまま食事のみを減量して体重を減らすということはよくありません。

安静にしていることにより、後に述べる膝に関して重要な筋肉も減ってしまいます。適量の食事とともに、筋肉が減少しないような下肢の運動も併用する必要があります。ただし、過度の運動はかえって関節軟骨の摩耗を促進させてしまいかえって有害ですので、医師のアドバイスを受けたほうがいいでしょう。

日常生活の注意に関しては、正座を避ける（図3-2）、階段・坂道を避ける（図3-3）といったことが重要です。これらの動作は、膝にかかる負荷を増強させ、変形性膝関節症を悪くしていきます。「がんばって正座の練習をしておかなければ正座ができなくなる」と周りの方に言われて、一生懸命に正座の練習をされる方がいますが、この病気になったら歩く能力を失わないために正座をあきらめる勇気が必要です。時々、大腿と下腿の間に挟む正座用の器具が売られています。お葬式などでどうしても正座をする必要があるなら、このような器具を使うか、座布団を太ももとふくらはぎの間に挟むということをするとよいでしょう。また、階段・坂道を避けるということも重要です。若く、膝に障害のない方は、健康のために階段を昇り降りするということは問題ありませんが、すでに変形性膝関節症を発症した方では、階段を昇り降りすることにより、変形性膝関節症を増悪させてしまいます。エレベーターやエスカレーターを選べる環境なら、膝の健康のためにそれらの機器を使用されたほうがよいでしょう。

薬物療法としては、消炎鎮痛剤の使用、ヒアルロン酸ナトリウム（商品名：ヒアロス®、アルツ®）の関節内注射が広く行われています。消炎鎮痛剤とは、痛み止めのことであり、飲み薬、貼り薬、塗り薬といった形で使用されています。これらの痛み止めで、すり減った軟骨がもとにもどるわけではないので、対症療法（症状おさえ）といわれています。痛いことを我慢するということはよくありませんので、他の保存的治療を併用しながら痛み止めを使うということは良いことです。次にヒアルロン酸ナトリウムの注射療法について述べます。ヒアルロン酸は、もともと関節軟骨に存在している物質です。この物質を関節の中に注射することにより、傷んだ関節軟骨を修復させせようというものです。すり減った軟骨がもとにもど

図3-2　正座を避ける

図3-3　階段を避ける

るわけではないのですが、もともと関節に存在する物質ですので、安全性が高いとされています[2]。通常は１回／週の頻度で膝関節内へ注入し、計５回行います。健康食品としてヒアルロン酸を含んだ商品がありますが、医学的には有効性は実証されていません。

物理療法とは、温熱、電流、電磁波などの物理刺激を用いて治療する方法です。実際にはホットパック、極超短波療法という治療が広く実施されています。主として患部を温めて痛みを軽減させることが目的です。すり減った軟骨がもとにもどるわけではありません。

運動療法とは、身体を動かす治療法です。運動療法には様々な種類のものがありますが、変形性膝関節症には下肢伸展挙上訓練が有効と言われています[3]（図３-４）。この運動により膝周囲の筋力が強くなり、先ほど述べた膝のぐらつきが減って安定化することにより効果がでるとされています。

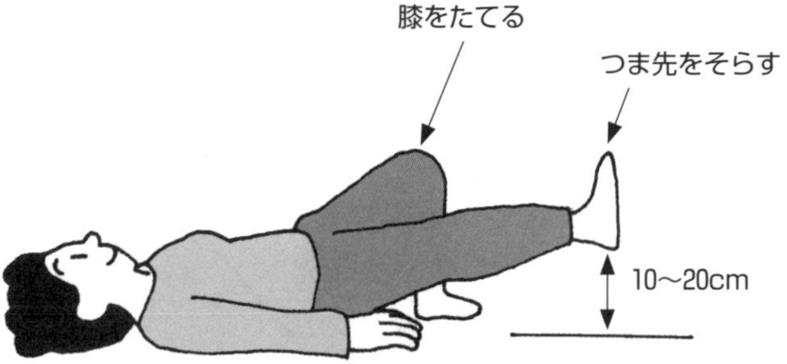

図3-4　下肢伸展挙上訓練

1）５秒間挙げたままで維持する
2）床におろして２〜３秒休む
3）１度に20回行う
4）１日に２度行う
5）血圧が上がりやすいので気をつける

装具療法としては、膝装具と足底板がよく用いられます。膝装具とは膝のサポーターのことです。これには、物理療法と同じように、患部を温めることを目的としたものと、膝の安定化を目的としたものがあります。また、足底板は足の裏に装着するタイプの装具です。踵の外側を持ち上げるような働きがあります。これも膝の安定化により効果がでるといわれています[4)]。

手術的治療には、代表的なものだけでも関節鏡視下郭清術、高位脛骨骨切り術、脛骨粗面の前方移動術、人工膝関節片側置換術、人工膝関節全置換術という方法があげられます。膝の状態によってできる手術とできない手術があり、また長所と短所がありますので、主治医の先生とよく相談して受けられることをお勧めします。

（4）ウォーキングのときの注意点は？

ウォーキングで、変形性膝関節症が予防できるという根拠はありません。変形性膝関節症の予備群の方の場合では、無理なウォーキングでかえって変形性膝関節症が発症する可能性もあります。

ウォーキングをするなら、

- 最初は短めの距離から始める。
- 膝への衝撃を減らすために、ウォーキングシューズを履く。
- 階段、坂道は避ける。

という注意が必要です。

ウォーキングをすることにより体重を減らすことができれば、変形性膝関節症の発症が防げる可能性もあります。

2．扁平足

（1）どんな病気？

土踏まずにあるアーチが低下した状態を扁平足といいます（図３-５）。ただし、このアーチは体重をかけたときに、Ｘ線撮影をしてその形態を判

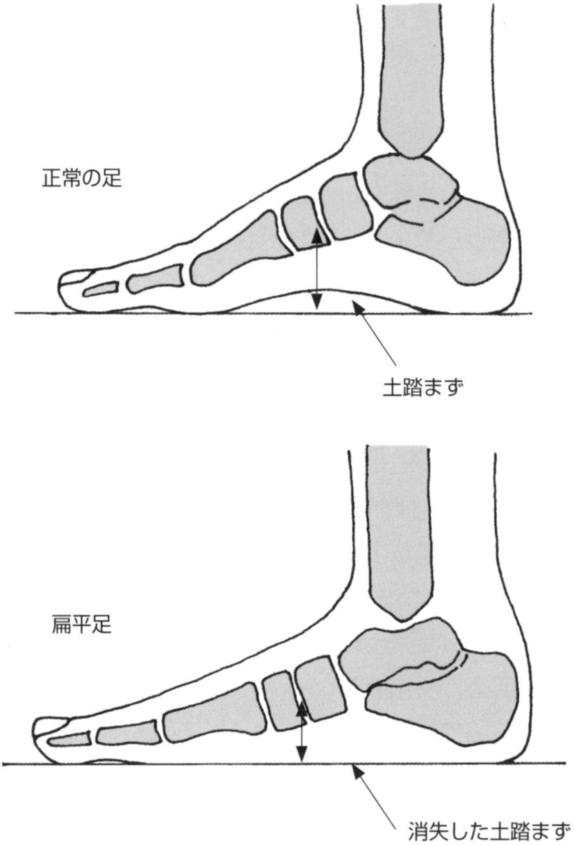

図3-5　正常の足と扁平足
（両矢印はアーチの高さを示す）

断するべきであり、外見だけから判断すると正常足を扁平足と誤ってしまう可能性があります。実際、運動選手の中には、土踏まずの部分に豊富な筋肉がつき、土踏まずが存在しないようにみえることがあります。このような運動選手の足部のX線写真をみると、アーチは低下しておらず、扁平足ではないということがわかります。土踏まずの有無だけで判断してはいけないという良い例だと思います。

扁平足の原因には非常に多くのものがあります。大きく分類すると、生まれつきのもの（先天性扁平足）、アーチを支える筋・靱帯の弱化によるもの（静力学的扁平足）、脳性麻痺などの神経の疾患に伴うもの（麻痺性扁平足）、踵骨骨折などの後遺症（外傷性扁平足）となります。このうち最も多いものは静力学的扁平足です。この静力学的扁平足は、小児期扁平足、思春期扁平足、成人期扁平足に分類されています。この成人期扁平足は、中年期の肥満、加齢に伴う筋力低下・靱帯の弱化が原因とされています[5]。

（2）どんな症状？

扁平足の方でも、無症状の方は少なくありません。扁平足によく伴う症状は、痛み、疲労感、こわばり感です。痛みは、長時間の立位や歩行で足関節部や足部に生じ、時には下腿部や大腿部に筋肉痛として生じます。疲労感、こわばり感もほぼ同様です。後に述べる外反母趾を合併する場合もあります。

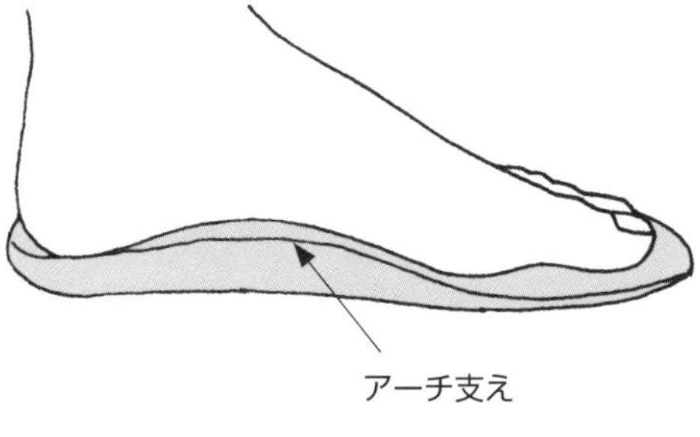

図3-6　足底挿板

（3）治療は？

成人期扁平足について述べます。一般的には、アーチを支える足底挿板（図３-６）がよく用いられます。足底挿板を使うと一時的にアーチが高くなりますが、除去すればアーチは低くなります。足底挿板で治るわけではないのです。しかし、一時的にでもアーチが高くなると、いろいろな症状が軽減されます。もっと積極的にアーチを作るという方法としては、アーチを支える筋のトレーニングがあります。幼小児では良い方法ですが、成人期扁平足に関しては十分な効果は確認されていません。

多くはありませんが、重症例には手術療法が選択されています。

（4）ウォーキングのときの注意点は？

既に痛みなどの症状を有する扁平足の方は、医療機関で作製してもらった足底挿板を使用してウォーキングされるのが良いでしょう。無症状の方でも、扁平足がある場合は、ウォーキングシューズの内部において土踏まずの部分が高く盛り上がったタイプ（アーチサポートを有するタイプ）の靴を履くと症状が出にくいはずです。

体重が重いと足部にかかる負荷を増やし、扁平足に悪影響がありますので、痛みのでない状態でウォーキングを励行し、減量に努めることは良いことだと思います。

3．外反母趾

（1）どんな病気？

母趾の基部の関節のところで第2趾に向かって曲がり、痛みがでる病気です（図3-7）。同時に、足の中にある中足骨という骨の並びも変化し、足の幅も広くなることが多いです。

外反母趾の原因の一つに関節リウマチがあります。関節リウマチとは、免疫の異常に関連した全身の関節炎ですが、その一部分症状として外反母趾が出現することがあります。関節リウマチにおいて、外反母趾のみの症状が出現することはほとんどありませんので、あわてる必要はありません。多くの外反母趾は、遺伝的な因子に履き物の影響が加わって出現するといわれています。

わが国においては、靴を履く習慣が広く普及した第二次世界大戦の後に外反母趾が急速に増加してきたといわれています[6]。靴を履くこと自体が、外反母趾に対して悪い影響を与える可能性があります。

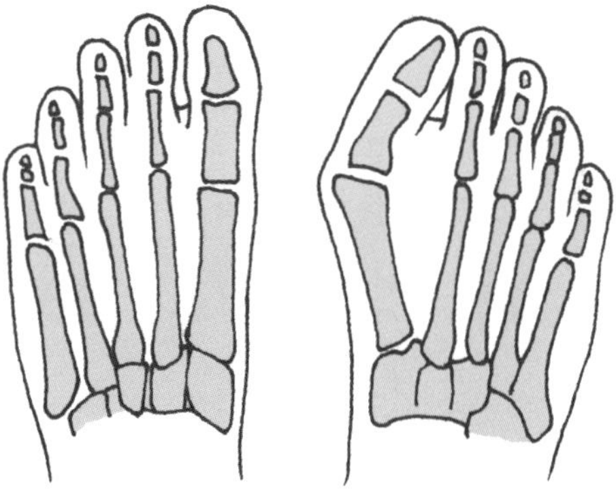

正常の足　　外反母趾

図3-7　正常の足と外反母趾

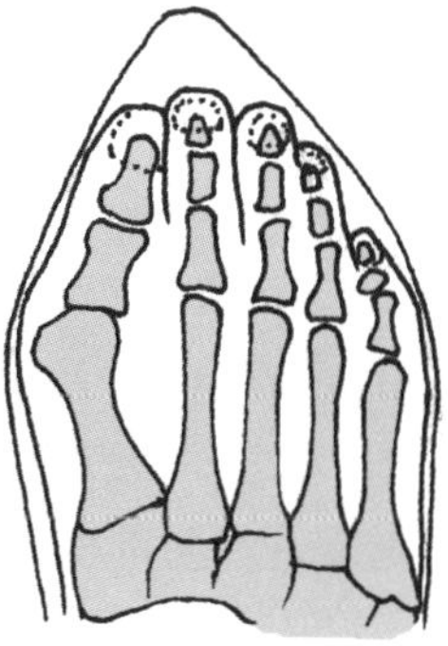

図3-8　外反母趾には良くない先の細い靴

靴の中でも、特に先の細い靴を履くと、靴の中で外反母趾を作るような力が加わり、悪い影響を与えてしまいます（図３-８）。さらにハイヒールのような踵の高い靴を履くと、その力が増強します。先の細いハイヒールは、外反母趾作成靴といってもいいくらい足には良くありません。また、中高年になると体重の増加も悪影響を及ぼします。

（２）どんな症状？

歩行時に母趾の基部が痛みます。また、変形が強くなると母趾が第２趾の下にもぐり込んできます。これらの変形に伴い、足の裏にたこができてくることもあります。

（３）治療は？

軽症の場合は、靴を履くことを控える、靴を履くときは足にあった履き物を選ぶ（特に、先の細い靴とヒールの高い靴は避ける）ということから始めます。次に、外反母趾に対する矯正体操（図３-９）があります。この運動は、母趾外転筋という筋肉を強化することにより効果があると言われています。ただし、この体操は、重症の外反母趾では無効[7)]ですので、主治医とよく相談してください。また、装具療法も良く行われています。非常に多くのものがあり、ほとんどが外反母趾を矯正するように作られています。これらの装具を使うことにより症状が軽減される方は多いのですが、一度発生した外反母趾の変形が治るかどうかについては、よく知られていないのが現状です。長年にわたって変形が続いている場合は、その効果は一時的なものであり、装具を除去すると外反母趾は容易に再発します。

以上のような治療でも良くならないときは、手術療法を選択するしかありません。手術方法も非常に多くの種類があり、主治医とよく相談して受けて頂きたいと思います。

(4)ウォーキングのときの注意点は？

当たり前ですが、ウォーキングシューズを履いてウォーキングするということが一番です。ウォーキングシューズでも、いろいろなデザインがあります。外反母趾の方の場合は、幅広靴が良いのですが、つま先の部分も幅の広い靴を選んでください。サイズも、小さすぎると足趾の先や爪の障害が生じますし、大きすぎると靴の中で足が動き、つま先があたってしまい痛くなることもあります。

ウォーキングをしたら外反母趾が治るわけではありません。外反母趾の方が歩きすぎると、かえって痛くなる可能性もあるので注意です。ただし、砂浜を歩くことにより、先ほど述べた外反母趾の治療上有効と言われている母趾外転筋が強化されるという報告[8] もありますので、歩く場所の選択も重要です。

ウォーキングをすることにより体重を減らすことができれば、足部にかかる負担も軽減され外反母趾に対しては有用ですので、痛みが出ない範囲でウォーキングをしていただきたいと思います。

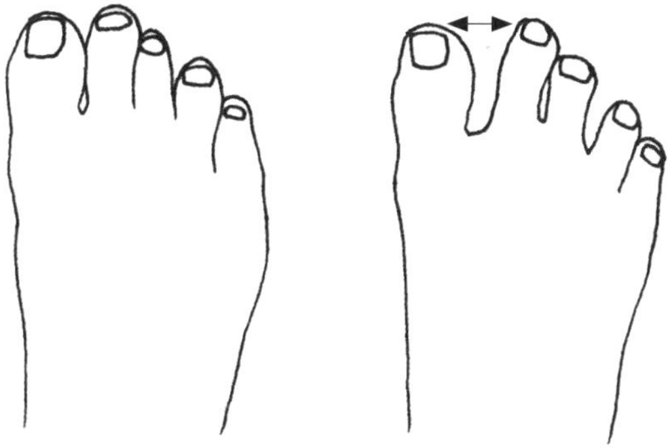

運動開始前　　　　母趾内反運動

図3-9　外反母趾に対する矯正体操（母趾内反運動）
両矢印のように、母趾と２趾の間を広げる

4．骨粗鬆症

（1）どんな病気？

骨の量が減少し、骨の微細構造が劣化したために、骨が脆くなり骨折しやすくなった状態を骨粗鬆症といいます。そのために、転倒というようなわずかな外力で骨折が生じます。頻度の多い骨折部位は、背中～腰（脊椎圧迫骨折、図3-10)、太ももの付け根（大腿骨頸部／転子部骨折、図3-11)、手首（橈骨遠位部骨折)、肩（上腕骨近位部骨折）です。特に脊椎圧迫骨折と大腿骨頸部／転子部骨折は、寝たきりの原因となる可能性があり注意を要する骨折部位です。

骨粗鬆症の原因としては、女性における閉経（閉経後骨粗鬆症)、高齢(老人性骨粗鬆症)、長期臥床、副腎皮質ステロイド薬の長期使用などがあげられます。

（2）どんな症状？

骨粗鬆症だけなら、痛みはなく無症状です。原因の一つに「女性における閉経」と述べましたように、中高年の女性に多い疾患です。

骨粗鬆症の診断は単純Ｘ線写真、骨密度測定等で行われます。単純Ｘ線写真では判断が難しいことが多いので、骨密度測定が広く行われています。骨密度測定における代表的な方法は、Ｘ線を利用して骨の密度を測定するＤＸＡです。この方法により、骨の密度が数値で表されます。この数値によって折れやすい骨か、折れにくい骨かということがわかります。頻度の多い骨折部位である腰椎、大腿骨頸部／転子部骨折に対して行われることが多いです。骨折して初めて骨粗鬆症がみつかることも多いので、折れる前に医療機関で検査しておくと安心です。

（3）治療は？

骨粗鬆症の治療としては、食事療法、薬物療法、運動療法が主として行われています。

食事療法の中心は、カルシウム摂取ということになりますが、中高年者の場合は、カルシウム摂取のみで骨が強くなり、骨折しにくくなるというわけではありません。あくまでも、治療の基本という位置付けです。　最近では薬物療法のうちでもビスフォスフォネート製剤（ベネット®、ボナロン®、フォサマック®等）の有効性が実証され多く用いられています。これらの製剤を使うと骨が強くなり、骨折しにくくなるというデータが示されてきています[9]。１回／週という製剤もあり、飲みやすくなってきています。

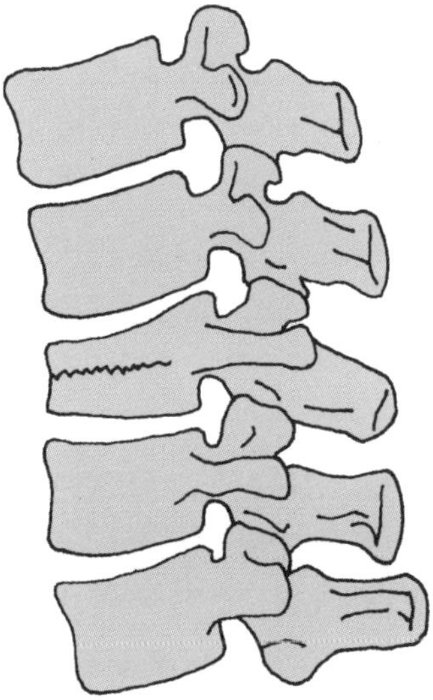

図3-10　脊椎圧迫骨折

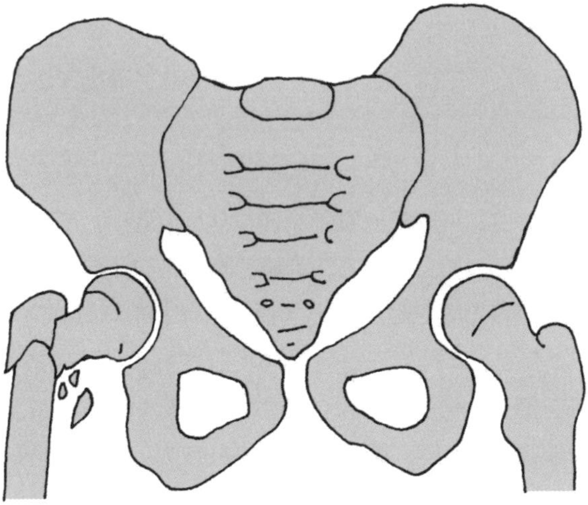

図3-11　大腿骨頸部／転子部骨折

長期臥床が骨粗鬆症の原因の一つと先ほど述べましたように、運動は非常に重要です。宇宙空間における無重力の状態は、宇宙飛行士にとって地上での長期臥床とよく似た状態となり、骨粗鬆症が発生することが知られています。そこで、宇宙飛行士は宇宙船の中で長時間にわたり運動を行い、骨粗鬆症の発生予防に努めています。骨粗鬆症を有する中高年者がどのような運動をするべきかについては、最近になって多く研究され、報告されています。ウォーキング、ランニング、エアロビクス、太極拳などについて報告されていますが、これだという決め手はないのが現状です。しかし、運動を続けることが有効であるということは間違いなく、具体的にはウォーキングを続ける程度でよいだろうといわれています。

また、転倒予防も骨折予防の視点から重要です、家の中の段差をなくしたり、電気のコード類で足をひっかけないように自宅を整備するといったことも効果があります（住環境の整備）。

（4）ウォーキングのときの注意点は？

転倒予防が一番重要です。障害物に注意しながら、下を向いてウォーキングするということは、ウォーキングの時の姿勢という観点からはよくありません。下を向かなくてもよいような、障害物のない道を選ぶということが重要です。また、夜間にウォーキングされるかたも増えてきました。暗いところで障害物につまずいて転倒するという話も多く耳にします。街灯に照らされた明るい道を選ぶ、懐中電灯を使用するなどの注意が必要です。

【文献】

1）吉村典子、村木重之、岡敬之、馬淵昭彦、川口浩、中村耕三「変形性膝関節症および変形性腰椎症の有病率の検討 Research on Osteoarthritis Against Disability（ROAD）プロジェクトより」『日本整形外科学会雑誌』81（8）：S1106、2007
2）石黒直樹「変形性膝関節症のヒアルロン酸治療の実際」『整形・災害外科』49（5）：519-526、2006
3）岩谷力、赤居正美、黒澤尚、土肥徳秀、那須耀夫、林邦彦、藤野圭司、星野雄一「変形性膝関節症に対する大腿四頭筋訓練の効果に関するRCT」『リハビリテーション医学』43（4）：218-222、2006
4）戸田佳孝、月村規子「変形性膝関節症に対する足底板療法」『整形・災害外科』49（5）：563-569、2006
5）渡辺英夫「扁平足と足痛」『整形・災害外科』28（10）：1307-1311、1985
6）渡辺好博「外反母趾」『整形・災害外科』28（10）：1313-1320、1985
7）佐本憲宏、田中康仁、高倉義典「外反母趾に対する保存療法」『整形・災害外科』49（5）：633-639、2006
8）金井秀作、長谷川正哉、島谷康司、城野靖朋、沖貞明、大塚彰「砂浜はだし歩行の運動学的評価」『日本人間工学会中国・四国支部大会講演論文集』39：26-27、2006
9）編集　骨粗鬆症の予防と治療ガイドライン作成委員会　代表　折茂肇『骨粗鬆症の予防と治療ガイドライン2006年版』ライフサイエンス出版、東京

（沖　貞明）

第4章　高齢者の正しい運動について

日本は高齢社会となり、高齢者は自分の健康維持・増進に関心を持つ人が多いようです。この章では、高齢者を対象とした運動について解説します。まずは、基本的な事項として、なぜ高齢者には運動が必要か？について考えてみます。そのためには、高齢者の体調不良の原因について理解することが重要です。

1．高齢者の体調不良の原因

高齢になると、様々な原因で体調不良が起こります。その大きな原因となる３項目について理解してください。

（1）生理的老化

加齢にともない例外なく見られるが個人差が大きく、いろいろな臓器、例えば心臓、胃、骨、筋、神経などに現われ徐々に働きを低下させます。臓器の働きの低下は、様々な症状を出現させます。

（2）病的老化

加齢や環境因子が加わることによって増加する様々な病気を意味しています。病気は、様々な症状を出現させます。

（3）廃用症候群

廃用症候群とは、廃用すなわち不活発な生活や安静で起き、全身のあらゆる臓器に生じる働きの低下です。廃用症候群による症状の概要を図4-1に示します。廃用症候群は、様々な症状を出現させます。

重要な点は、廃用症候群は病気とは関係なく、元気な高齢者でもしばらく日常生活で安静を続けると、これらの症状があらわれる可能性があるということです。また、症候群ということは、図4-1に示した症状が1つだけあらわれるのではなく、複数見られるということです。

局所にみられる症状	全身にみられる症状
関節が硬くなる 筋が細くなる 骨がもろくなる 皮膚が短縮する 床ずれができる など	心臓の働きが低下する 立ちくらみがする 疲れやすい 食欲が低下する など

図4-1　廃用症候群による症状

2．高齢者における運動の意義

もう少し、廃用症候群について筋力を例にとって説明します。図4-2を御覧下さい。この図は、筋力と年齢の関係について示した図です。タテ軸は筋力の指標として太ももの太さをあらわしています。横軸は年齢です。年齢とともに、実線aのように太ももの太さは細くなります。これは、太ももの筋力が低下していることを示しています。これは、生理的老化や病的老化、廃用症候群が含まれていると考えられます。一般的に若いころは仕事、育児、家事など必然的に体を動かす機会が多く筋力を使っています。ところが高齢になると、退職などにより体を動かす事が減り、筋力を以前ほどは使わないため筋力が低下すると推測されます。一方、年輪ピックに参加している高齢者や十分にトレーニングをしている高齢者は、実線 b で示したように、高齢になっても筋力が比較的維持されています。実線 b は廃用症候群による筋力低下がない状況と解釈できます。高齢者における運動の大きな目的は、廃用症候群を予防することにあるのです。

なぜ、高齢者に運動が必要か？　ポイントをまとめると以下のようになります。

• 加齢による生理的老化や病的老化により体調不良が生じる。

• 高齢者は不活動による廃用症候群を合併しやすい。

• 廃用症候群は様々な症状を同時に出現する可能性があります。

• 高齢者でも廃用症候群は日常的に適切な運動を行うことによって予防することが可能です。

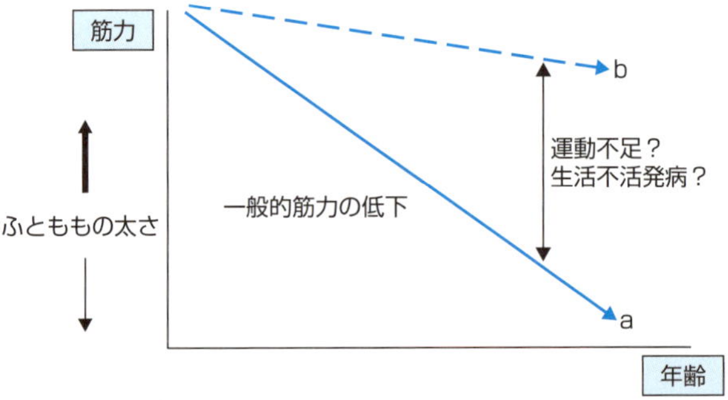

図4-2　廃用症候群による症状

3．まずは屋外に出ましょう

最近、高齢者の閉じこもり症候群が増えているといわれています。65 歳以上では 10 ～ 15%、75 歳以上では 20%を超えると考えられています。閉じこもり症候群とは「家に閉じこもることによって起こる生活の活動水準の低下」、「普段の外出頻度が一週間に 1 回以下」、「家から出られる状態であるにもかかわらず、家から出ない状態であり、社会的な関係性が失われている状態」などと言われます。また、移動能力があるにもかかわらず閉じこもる場合を「閉じこもり」、移動能力がないために閉じこもる場合を「閉じ込められ」と分ける場合があります。原因としては、関節の痛みやめまい、ふらつきなど様々な身体症状があげられます。また、抑うつ、物忘れ、失禁恐怖、転倒恐怖、同伴者がいないなどの心理的要因もあります。閉じこもりは、身体の活動量を減らすこととなるため、廃用症候群を引き起こす大きな原因となります。最近、外出が減っている高齢者は要注意です。

４．少量・頻回の原則

運動の頻度は毎日行うことが望ましい。しかし、１週間に１回の頻度でも体力向上には有効であるとする報告も見られます。一般的には、週３回程度の運動がよいでしょう。また、運動はやりすぎも良くありません。やりすぎを防ぐためには、少しの運動を休憩を入れて頻回に行うことが重要です。例えば、太ももの筋肉の太さを維持するためには、１日に 1km 歩く必要があるといわれています。一度に１km 歩くと体には大変な負担になる方もいると思います。この場合、500 mを午前中に歩き、夕方に 500 mを歩く方法をとります。これが、高齢者の運動の基本「少量・頻回の運動の原則」です。

５．運動の強度

次に、運動の強度について述べます。高齢者の場合、強い運動は体調不良の原因となります。一般的に高齢者の運動強度は、最大に運動できる強度の約 50％ぐらいだと考えられています。運動強度は心拍数から求めることができます。これは少々難しいのですが、最大心拍予備能（最大心拍数－安静時心拍数）に対して安全な運動強度（%）を設定し、安静時心拍数を足したものを目標心拍数とする方法です。具体的には、以下のようにして求めます。

① 220 から自分の年齢を引きます（最大心拍数）。
最大心拍数をメモしてください。⇒A：__________

②安静にして１分間の心拍数を数えてください（安静時心拍数）。
１分間の心拍数をメモしてください。⇒B：__________

③運動するときに超えてはいけない心拍数を求めます。これを、目標心拍数とします。
目標心拍数＝（A－B）× 50%＋B
計算結果をメモしてください。⇒__________

この値が、年齢を基準にした 50%運動強度の求め方です。しかし、心臓などの病気がある場合の運動強度の設定は、年齢や日常の運動実施状況などを考慮する必要があります。詳細は、かかりつけの医師に相談する必要があります。

６．運動の進め方

次に、運動をどのように進めるかについて説明します。高齢者の場合、安全性を考慮して低い運動強度から始め徐々に運動強度を上げていくことが体調不良を避けるうえで重要です。高齢者の場合、運動後の体調不良は運動直後でなく翌日や翌々日に起こるようです。そのため、１日目に軽い運動を行います。そして、運動当日の夜や翌日の体調に変化がなければ、１日目の運動はやりすぎではないと判断します。このようにして自分に適当な運動量を探します。

（1）転倒に注意する

転倒は「直立歩行からバランスを崩して転んでしまい、足底以外の体の一部が地面（床面）についた状況」と定義されます。65 歳以上の人のおよそ3分の1が1年に1回は転倒を経験していると見られています。負傷するのはそのうち 10 ～ 15%程度であると報告されています。運動時に限らず、転倒は骨折の原因となります。高齢者にとって転倒経験は、閉じこもりや寝たきりの原因ともなるため、できる限り防止します。高齢者の転倒について、幾つかの注意点をあげます。日本の家屋は玄関や敷居、上がりかまちなどの段差が多く、転倒が発生しやすい状況にあります。安全であると思われる、平面であっても転倒は起こります。転倒は、心理的にも影響をおよぼし、自信喪失などで行動範囲を狭める場合があります。

●転倒防止のチェックポイント

服装：□スリッパでの運動は避け運動靴を履く
　　　□動きやすい服装を着用する

環境：□運動する環境がつまずきやすい状況にないか
　　　□滑りやすい場所ではないか
　　　□運動の妨げになる物が置かれていないか

（2）準備運動は重要です

一般に準備運動は軽視されているように思われます。地味な運動で、あまり意味がないと理解されているのでしょうか。準備運動の目的は、主とする運動の前に体温を上げることにあります。体温が上がることによって、血流の増加、神経機能が高まる、筋温の上昇などの効果が期待できます。血流が増加すると、運動で利用する酸素の量が増えます。神経機能が高まると、反応時間が短くなり急な状況の変化に体が対応しやすくなります。筋温が上昇すると、筋の機能や柔軟性が増します。このように、準備運動を行うことによって、運動により発生する障害を予防したり、障害の発生を最小限に抑えたりする効果が期待できます。

時間をかけてゆっくりと準備運動を行うことが重要です。また、これから行う、運動に対して精神的準備を行うことができます。一般的に準備運動の一つとしてストレッチが行われます。次に、ストレッチついて説明します。

（３）ストレッチによる筋肉の変化

筋肉は筋線維が多数合わさってできています。１本の筋線維は、筋節といわれるものが多数並んでできています。ここでは、筋線維を簡単に理解するために、輪ゴムを思い浮かべてください。輪ゴム１個を多数つないで長いゴムバンドを作ったとします。筋線維は１個の輪ゴムを10個つないだゴムバンドと考えます。この輪ゴム１個が筋節です。今、10個つないだゴムバンドの両端を持って、左右に引っ張ると１m伸びるとします。ところが、運動不足が続き筋を伸ばさない状態を続けると、輪ゴム（筋節）が１個減ります。この９個の輪ゴムでできたゴムバンドの両端を持って、左右に引っ張ると１m伸びません。これは、運動不足により筋節数が減り、筋が伸びにくくなくなった状態を示しています。ところが、ストレッチ運動を続けると、この筋節（１個の輪ゴム）が新しく１個増えます。そうすると、10個の輪ゴムにもどり、１m伸びることになります。このように、ストレッチを行うことは筋節の数を維持し、筋の柔軟性を保つことになるのです。

（４）ストレッチによる神経の反応

筋肉の中には、筋の伸ばされる速度を感知する物が存在します。筋紡錘《きんぼうすい》といいます。速い速度で筋を伸ばすと筋紡錘がビックリして働きだして筋は縮みます。これらは、筋をストレッチする場合は、反動をつけて急に引き伸ばすと筋は縮まり、筋が伸びにくくなることを示しています。ストレッチはゆっくり行いましょうといわれますが、筋のストレッチには神経の一つである、筋紡錘のビックリ反応が関係しているためです。

（5）伸張方法のポイント

①息はとめない

ストレッチを行う場合、息を止めて行うと、排便時と同様に力むことになります。これは、血圧を上昇させます。息をはきながらストレッチを行うことが重要です。

②反動をつけない

反動をつけて筋をストレッチすると、先ほど説明したように、神経が反応し筋が伸びにくくなります。

③痛みがない範囲で行う

痛みがあると、筋は伸びなくなります。

④ゆっくりと伸ばす

痛いと思ったときに、思い通りストレッチをやめることができるスピードで行ってください。

⑤ストレッチの時間

ストレッチを行う時間は 15 秒～ 30 秒といわれています。複数回繰り返します。しかし、最も効果的な伸張時間がどの程度かは未だにはっきりしていません。自分の気持ちよいと思われるストレッチ時間を探してください。

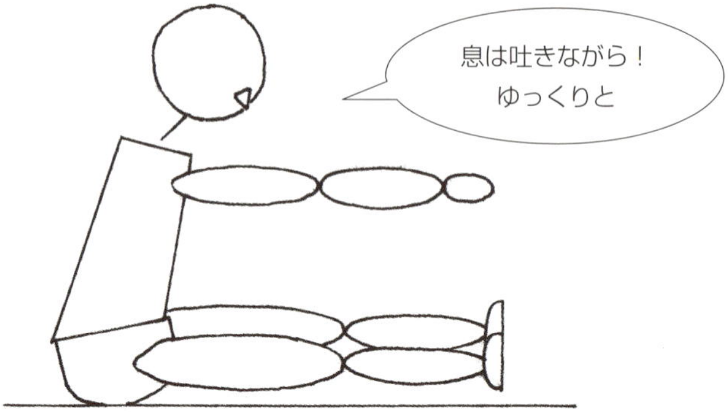

図4-3

（6）柔軟性の簡単な評価

自分の柔軟性がどの程度かを数字で記録しておくと、体調の変化が容易に分かります。ここでは、柔軟性を簡単に測定する方法を紹介します。知り合いの方に、ものさしで測定してもらう必要があります。

①肩の柔軟性を見るテスト

図4-4のように背中に両手を回します。この時に。右手と左手の中指の間の距離をものさしで測定します。

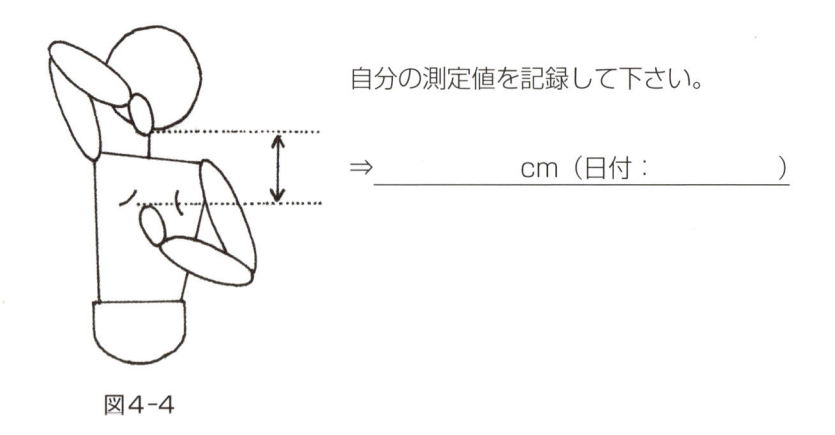

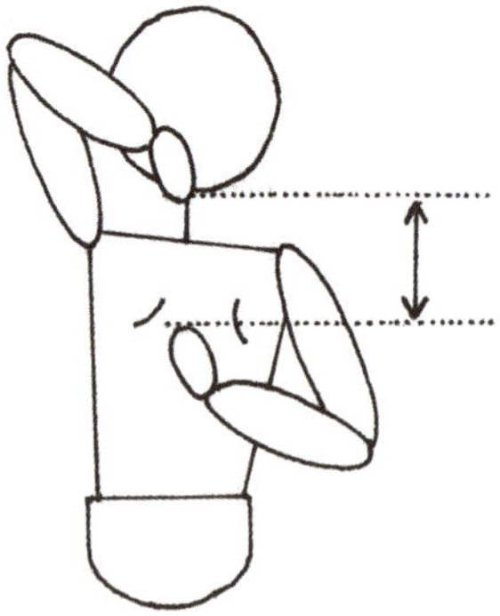

図4-4

自分の測定値を記録して下さい。

⇒　　　　　cm（日付：　　　　　）

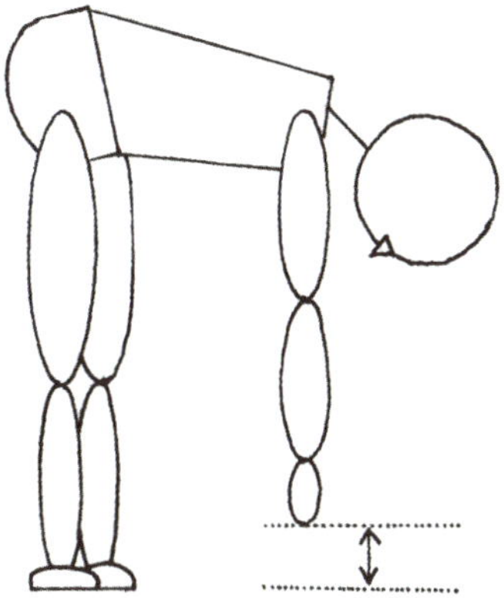

図 4-5

②腰の柔軟性を見るテスト

図４-５のように腰を曲げて両手を床に向けておろします。この時に、中指と床の距離をものさしで測定します。

自分の測定値を記録して下さい。

⇒　　　　　cm（日付：　　　　　）

7．肩のストレッチ

肩関節は、体の中でも最もよく動く関節です。ある調査によると、上半身の関節の中で、一番硬くなりやすい関節は肩関節でした。したがって、バンザイをして腕が耳につくのであれば、肩関節は硬くなっていないと思ってよいでしょう。もし、腕が耳につきにくくなっているのであれば、肩

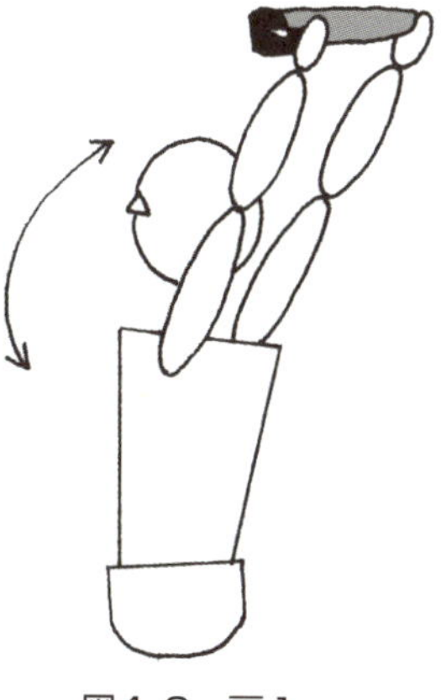

図4-6　肩1

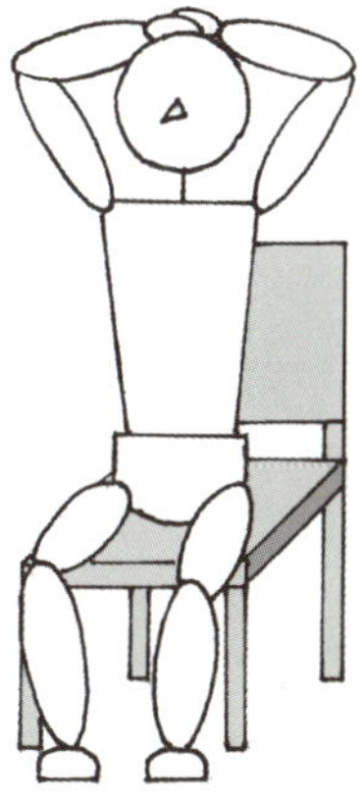

図4-7　肩2

以外の関節も硬くなっていると推測されます。

図4-6は、タオルを持って行う肩のストレッチです。はじめは、タオルを長く持ちます。だんだん慣れてくるとタオルを短く持ってバンザイを行います。図4-7は、両手を組んで頭の後ろに組みます。そして、両肘を後ろに向かって動かします。息をはきながら行います。

8．腰のストレッチ

背中は、脊椎《せきつい》といわれる骨がたくさん並んでできています。高齢になると、後ろを見ることが難しくなります。これは、一つ一つの脊椎の動きが少しずつ減少するために起こります。図4-8腰1は椅子の背もたれに背中をつけて、腰を伸ばしています。

図4-9腰2は、背中を回しています。図4-10腰3は腰の横を伸ばしています。すべて、息をはきながら行います。

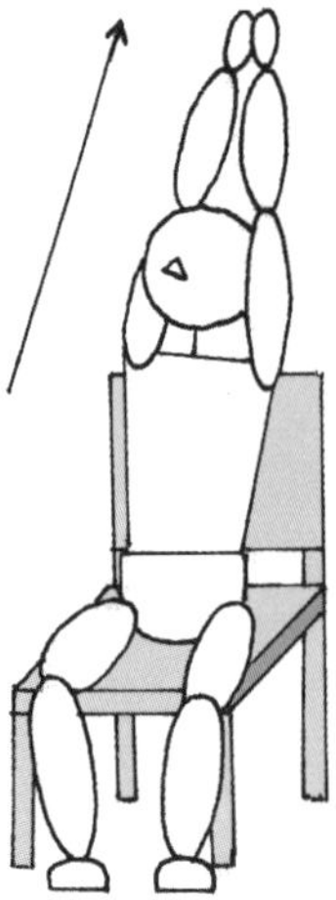

図4-8　腰1

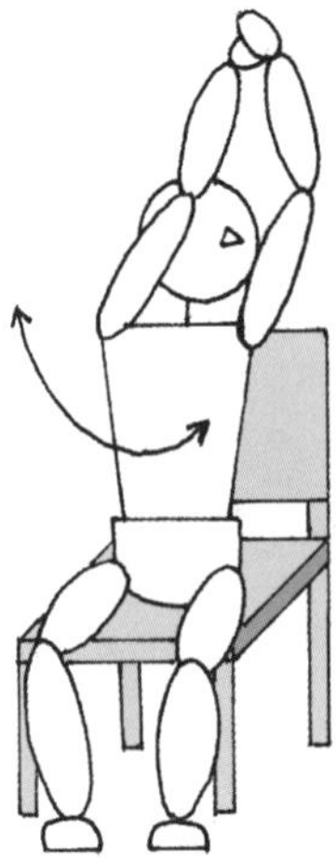

図4-9　腰2

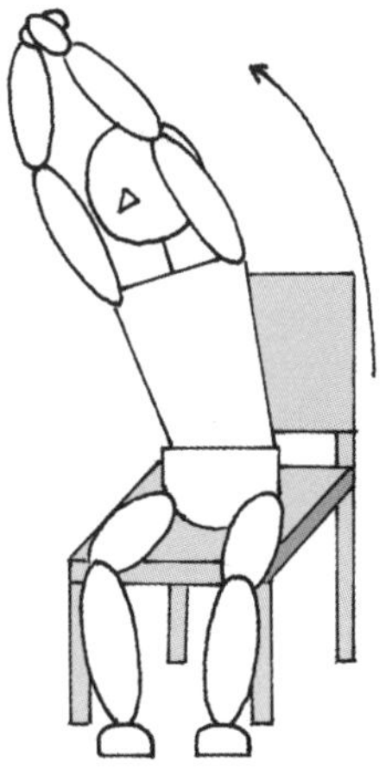

図4-10　腰3

9．腰曲がりのストレッチ

高齢女性にとって腰曲がりは、美容的にも気になります。図４-11 腰４は腰曲がりの予防や改善を目的におこなうストレッチです。

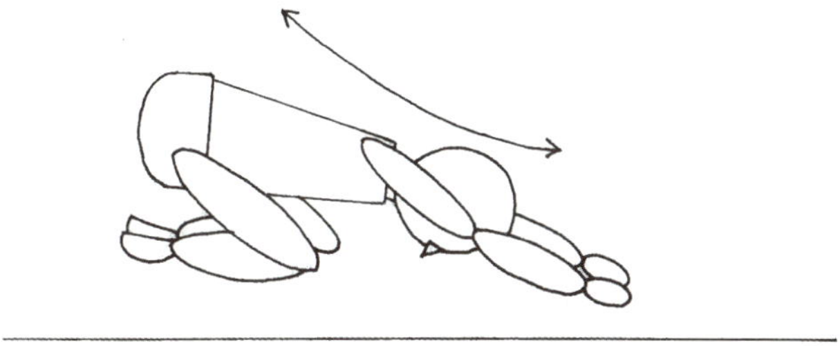

図4-11　腰4

10．下肢のストレッチ

図４-12 下肢１は、足を組んで行います。これは、股関節周囲の筋をストレッチしています。図４-13 下肢２は、椅子に浅く腰掛けて行います。膝をピンと伸ばすことがコツです。体を前に曲げていくと、太ももの裏側

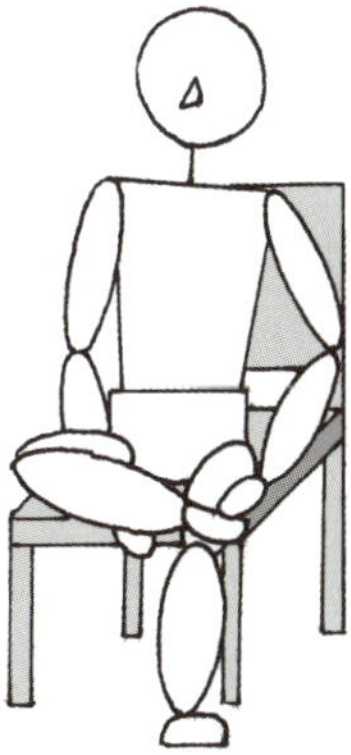

図4-12　下肢１

図4-13　下肢２

が少し痛くなります。両ストレッチとも、息をはきながら行い、痛くなったところで止めます。

11. ストレッチの効果

体は過度の安静状態を続けると、思ったより早く数日で硬くなり始めます。ところが、その回復には倍以上の期間が必要です。したがって、硬くなった体をストレッチで柔らかくするためには、数日で効果が出るものではありません。毎日、時間を決めて、習慣づけることが重要です。

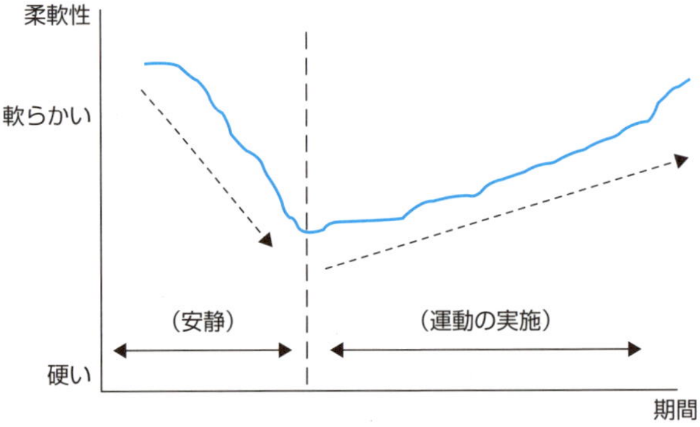

図4-14　安静にすると硬くなる回復は遅い

私は過去に関節に痛みがある患者さんで医師により運動の処方がでた方について、軽い運動の効果を調査しました。その結果によると、3か月間にわたって毎日、規則正しく軽い運動を続けると、ほとんどの患者さんで関節の痛みが減少しました。運動を一人で続けることは難しいと思います。何人かのグループを作って、お互いに刺激しあいながら行うと長続きするのではないかと思います。以上簡単ですが、高齢者を想定して、正しい運動の方法に解説しました。少しでも、皆さんの健康維持・増進にお役に立てば幸いです。

（小野　武也）

第5章 ウォーキングの効果とその実際

最近、町のあちこちでウォーキングを行っている人をよく見かけます。その多くは、夫婦や数人のグループで歩いている方がほとんどのようですが、ウォーキングは散歩とは分けて考えたほうがよいでしょう。つまり、ウォーキングは、「歩き」を利用した「スポーツ・運動療法」とした位置づけになります。しかし、決して激しい運動ではなく、自分のペースで運動ができ、用具も不要な最も手軽な運動といえます。通常ウォーキングを行っている人たちは、肥満予防や生活習慣病の予防・治療の一つして行われているようですが、運動を行うことは「諸刃の剣」といわれ、身体に対し好影響も示すこともあれば、悪影響がでることもあります。そのためにも正しい知識をもつことが重要です。まずは、われわれ日本人はどれくらい歩いているのか調査結果をみてみましょう。

1. ウォーキングとは？

図5-1は、平成9年度の国民栄養調査結果をもとに、性別と年齢別からみた1日当たりの平均歩数をグラフにしたものです[1)]。1日平均で、男性8,202歩、女性7,282歩でした。70歳以上に注目すると、男性5,436歩、女性4,604歩と大幅に歩数が減少しています。国は平成14年に「健康日本21」を策定し国民の健康増進に寄与すべく、さまざまな対策を行っています。その中には、1日平均歩数の目標値が掲げられていますが、男性では9,200歩、女性では8,300歩程度としています。われわれの平均値からみると、まだ1,000歩ほど不足ということになります。

一般に「1日1万歩」歩くとよいといわれますが、この1万歩には、それなりの根拠があります。平均的な日本人が1日のうちで、摂取するカロ

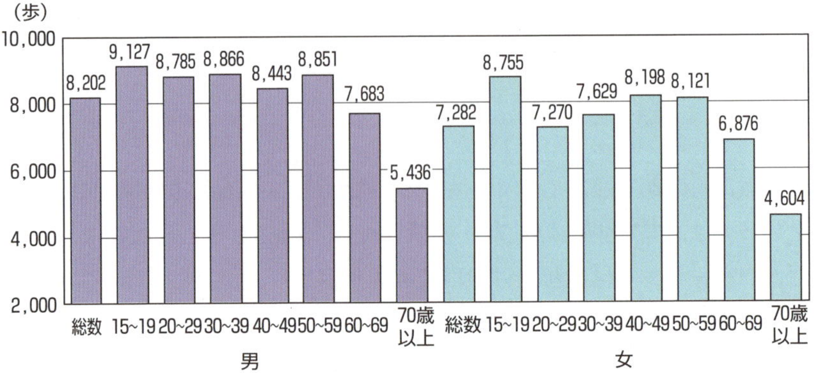

図5-1　性別・年齢別にみた１日の歩数
（平成９年国民栄養調査）

リーから消費するカロリーを引くと約300キロカロリー程度といわれています。つまり、300キロカロリーが毎日溜まっていくことで肥満につながります。この余った300キロカロリーを消費するために必要な運動が１万歩のウォーキングといわれています。しかし、１万歩を歩こうとすると大変な努力が必要です。必ずしも１回の運動で行う必要はありませんが、単純に歩行時間に換算すると90～120分間は必要でしょう。

以上、述べたように現代人は歩行運動不足であることに違いはないようです。それでは次にウォーキングの有効性について述べます。

2．ウォーキングのメリット

歩くことにより心拍数や呼吸数が速くなることは経験されていると思います。運動として行うのであれば、ウォーキングよりジョギングのほうが効果が高いと思われるかもしれませんが、身体への負担を考えるとウォーキングの方が好ましいのです。息切れをするジョギングよりも、時間的に長続きするウォーキングの方が身体にかかる負荷（悪影響）が少なく、かつさまざまな効果が得られます。また、ジョギングは中高齢者や肥満体の人の下肢や腰に負担がかかります。着地時に下肢に加わる衝撃力は、ウォーキングでは体重 1.2 ～ 1.5 倍程度ですが、ジョギングになると、その値は３～４倍にもなるデータがあります。それではウォーキングのメリットをみていきましょう。

（1）足腰が丈夫になります

下半身には身体全体の３分の２の筋肉があります。「老化は足から」といわれるように加齢ともに足の筋力が低下してきます。普段の生活で足をあまり使わないなど不活動状態が続き、加齢が加わり筋力が低下すると日常生活内でさまざまな支障を来すようになります。その影響は階段の昇降や傾斜道歩行などで表れてきます。一方、握力などは日常生活内でよく使用するので加齢の影響は受けにくいとされています。そのような足の筋力低下を予防する最も簡便な方法の一つがウォーキングになります。

（2）足の血流がよくなります

「足は第２の心臓」といわれます。これは歩くことで足の筋肉が収縮と弛緩（ちぢみとゆるみ）を繰り返し、足の筋がポンプの役目をし、足先からふくらはぎの血流が改善されます。これにより静脈のうっ血が解消され静脈瘤の予防にもつながります。

（3）ストレス発散・気分転換になります

ストレス発散の目的でさまざまなスポーツ活動が行われています。ウォーキングの影響は身体面だけでなく、心理面への効果が明らかになっています。ウォーキングにより足だけでなく、身体全体の血流がよくなります。さらに最近では脳内からベータエンドルフィンという快感物質が分泌され爽快感が得られることがわってきました[2)]。また、森林の中を歩くと、樹木から発散されるフィトンチッド（森林の香り）という成分が、気分を落ち着かせることもわかっています[3)]（図５－２）。

図5-2　森林の中をウォーキング
（三原市佛通寺周辺）

（４）肥満を解消・予防します

ウォーキングを行っている人の多くは、この肥満解消・予防目的が多いようです。人の運動を生理学的にみてみると、無酸素運動と有酸素運動に分けられます。無酸素運動は、100ｍ走や重量挙げなど、一瞬や短時間に筋肉の収縮が必要なものです。一方、有酸素運動とは、身体に酸素を取り入れながら運動することで脂肪燃焼効果が大きく、その代表がウォーキングです。運動するには筋にエネルギーを送る必要があります。そのエネルギー源（アデノシン三リン酸：ATP）として筋肉内のグリコーゲンが使用されますが、10秒程度しかもたないので、かわりに脂肪からエネルギー源を作ることになります。つまり、脂肪が分解されることになります。

著者らは、三原市内のボランティア研究協力者の女性73名を対象（平均年齢50.3±5.7歳、平均身長平均154.6±4.8㎝、平均体重56.3±10.1kg）として、２ヶ月間の歩行数と内臓脂肪量の関係を調査しました。その結果、普段から多く歩いている人たち（１日平均10,000歩以上）は、

7,000歩から10,000未満や7,000歩未満の人たちに比べ内臓脂肪量は明らかに少ないことが分かりました（図５-３）[4]。この内臓脂肪は、最近注目されている「メタボリック症候群」の原因の一つです。内臓脂肪は皮下脂肪に比べ運動の影響を受けやすいといわれており、著者らの結果も一致しました。

自分が肥満かどうかを知るための簡単なチェック方法としてBMIがあります。BMI ＝ 体重(kg) ÷ 身長(m) ÷ 身長(m) で簡単に計算できます。その値が18.5未満はやせ型、18.5～25未満は普通、25以上で肥満と判定します。この値が25以上の人は要注意です。

（５）生活習慣病を改善します

肥満以外にも、生活習慣病のもとになる高コレステロールや高血圧を改善してくれます。コレステロールは身体を構成する細胞の膜を作る重要な働きがありますが、悪玉コレステロールと中性脂肪が多すぎると血管内のゴミとなります。ウォーキングにより血管内を流れる善玉コレステロールが悪玉コレステロールを回収し肝臓へ運んでくれます。また血行の改善に

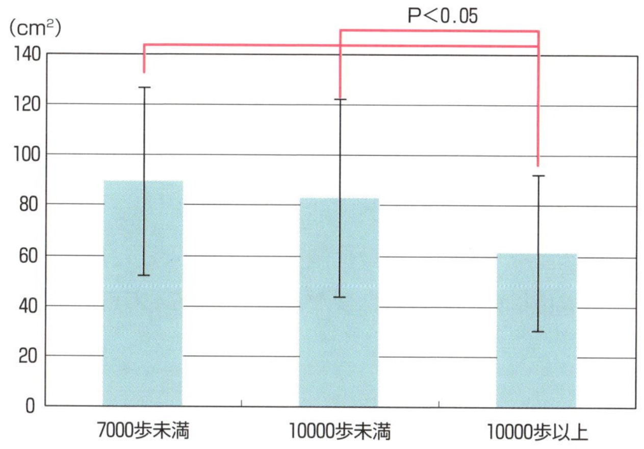

図5-3　１日平均歩行数と内蔵脂肪の関係

より中性脂肪も燃焼され減少するといわれています。さらに血管内のゴミも回収され血管の壁が柔軟性をとりもどし、血圧も下がってきます。

糖尿病の予防や治療の一つとしてウォーキングは推奨されます。糖尿病はすい臓で作られるインスリンが分泌低下や作用の異常によって起こりますが、ウォーキングによって糖と脂肪を燃焼させることができます。

（6）骨が丈夫になり骨粗しょう症の予防になります

骨粗しょう症は、骨密度が低下し骨折を起こしやすくなった状態をいい、中高齢女性が気になる病気の一つです。低骨密度だけでは無症状ですが、骨折を起こしやすくなるので予防したいものです。骨密度と運動の関係は、無重力空間で生活した宇宙飛行士の骨密度が減少することから明らかになりました。骨には力を感知するセンサーがあり、その力が加わらなければ骨の密度は減少し、適切な力が加わっている場合は正常な密度に保たれます。限界以上の力が加わった場合に骨折を起こします。その最適な力としてウォーキングが推奨されます。歩くことにより、かかとから足の骨、脊柱へと力が伝達されます。その他に骨密度を高く維持するには食事面の栄養摂取（カルシウム、ビタミンD）も重要です。

（7）基礎代謝が向上します

基礎代謝は、生きていくうえで必要最低限のエネルギー消費量です。年齢とともにこの量は減少し脂肪分解能も低下していきます。運動をすることによって筋肉量を増やし、再び代謝を向上させることができます。この筋肉量を増やすには筋力トレーニングとウォーキングが最適です。

３．ウォーキングの実際と注意点

今までにウォーキングの効果について解説してきましたが、正しい方法で行わないと悪影響も出かねません。悪い姿勢で歩いていると腰や関節の痛みを起こすことがありますから、まずは姿勢から注意していきましょう。

（1）歩き方

基本的には、まず気をつけの姿勢を意識します。正面を見て、あごを引き、お腹を引き締め、背筋をまっすぐに伸ばしましょう。その姿勢から１歩ずつ前に踏み出していきましょう。歩幅は広い方がよいですが、最初は無理をせず、しっかり膝を伸ばして前に進みましょう。さらに意識してかかとから地面に接していき、かかと、足の裏、足指を接地後、今度はかかとから地面をけり出していきます。かかとから地面に接地することと、足の裏全体で地面をつかむようにけり出していくとよいでしょう。手の振りは重要ですが、足の動き、つまり歩行速度に応じて振ればよいでしょう。速度を上げる場合には、ひじを軽く曲げることで速い速度にも対応できます。

（2）注意点

次に歩く姿勢以外の注意点について解説します。

①ウォーキングペースについて

ウォーキング初心者は、自分のペースで歩くことをお勧めしますが、時間は 30 分を目標にするとよいでしょう。慣れてくれば 40 分、１時間と延長していきましょう。前述した１日１万歩は 90 分～ 120 分は必要

正しい
歩き方
目線は真っ直ぐ正面に
背筋を伸ばして
からだをまっすぐに
手は強く握らず
腕を大きく楽に振る
足をまっすぐ
膝を上げず
自然に振り出す
つま先はまっすぐ
足の力を抜いて
自然に着地する
靴は底が薄くて
軽いものを

図5-4　正しい歩き方

（出典：だれでもできる体のおとろえを予防する運動）

ですので、最初から一度に歩くことは避けた方がいいでしょう。歩行速度や歩行時間は自分の体調と相談しながら決めていくことをお勧めします。まず歩行前に心拍数を数えることを習慣付けましょう。１分間の脈拍数を調べ（図５-５）、その日の体調管理や運動強度の調整に役立てます。

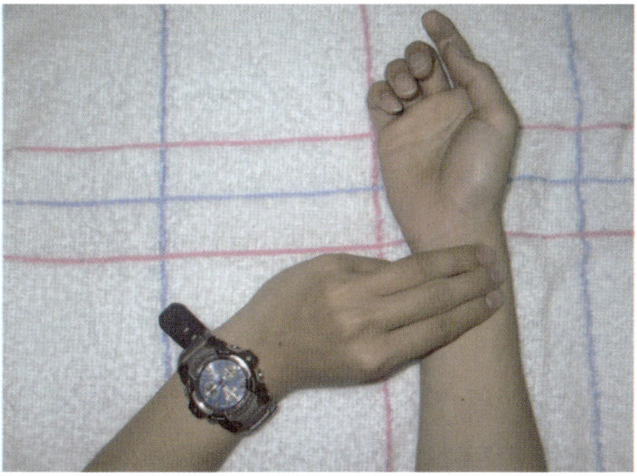

図5-5　心拍数の測り方
（手首の動脈に触れ、30秒間の脈拍を測定します。その値を２倍すれば１分間の心拍数になります）

ウォーキングのペース（速度）は、ニコニコペースといった隣の人と会話できるくらいのペースがよいでしょう。息切れがしたり速度を極端に上げ下げすることはよくありません。ウォーキングの効果を十分に発揮するためには、心拍数を最大限にあげる必要はなく、長時間続けるとこが重要です。まずは安静時の心拍数を計測できるように練習しておきましょう。効果的なウォーキングペースを決める場合も前述の“第４章”にある“運動の強度”にて解説している心拍数から求める方法と同じなので参照してください。なお、ウォーキング開始時には、まず60%までの強さで歩いてみましょう。

“第４章”にある“運動の強度”の計算式から最適な心拍数を求めたら、ウォーキング中の心拍数がその値となるようにペースを調整しましょう。ウォーキング中に心拍数を計測するのは難しいですから、慣れるまでは一時休息し計測したほうがいいでしょう。病気後の人やお薬を飲んでいる人は、身体に不安がある場合は、主治医に相談してから歩きましょう。

なお、心拍数だけでなく、その日の体調と相談しながらペースは決めるといいです。普段に比べ心拍数が速い（動悸）、遅い（測りにくい）、歩く前から息切れがする、手足がしびれる、頭痛がある、吐き気、などがある場合は歩くことはやめましょう。

②靴について

快適なウォーキングを行うには、適切な靴選びが必要です。足にあった靴選びをしましょう。足型は人により異なるのですが、一般によい靴の選び方を解説します。

まず自分の足のサイズを知りましょう。また必ず両足ともに試着するようにしましょう。足のサイズは夕方のほうが大きくなります。足先は少し動かせるくらいの余裕がほしいです。外観からのチェックポイントは、靴底が滑りにくい刻みがあり、かかとの部分が衝撃を吸収しやすいようにクッション性に優れ、重量が軽いものがよいでしょう。しかし、軽さだけで選ぶのではなく、靴底の素材は反発力があるほうが踏み返しが行いやすいです。つま先の部分の上部は柔らかく、踏み返しが指の関節の位置で行えるものが楽に歩けます。靴の内部では、中敷きにクッション性があり土踏まずに沿ってフィットしていることが重要です。土踏まずの高さは、人により異なるので実際に履いてみての確認が必要です。また最近は中敷だけ別に購入することも可能です。最初の靴の選びは、慣れた店員さんに聞き、実際に履いてみて、歩きたくなるような靴を選びましょう。

靴が原因と思われる足の症状についてまとめますので、靴選びの参考にしてください。

- かかとや足指の裏に「まめ」や「たこ」ができた。
- 小指の外側に「まめ」ができたり出血した。
- 土踏まずの部分が痛い。
- 足の甲が痛い。
- かかとが痛い。
- 足指全体が丸く曲がっている。
- 足指の関節が痛い。

上記の症状がウォーキング開始後にみられたら、靴の適合をもう一度確認しましょう。その意味でも、毎日お風呂で足指や足裏をしっかり観察するようにしましょう。特に歩きはじめや糖尿病のある人は必ず確認してください。糖尿病の人は、傷が出来ていれば放置せず医師による治療を受けましょう。手遅れになると潰瘍ができたり、最悪の場合が糖尿病性壊疽に進行することがあります。

③痛みについて

ウォーキングを開始して、どこかが痛いということは、身体からの重要なサインと思い、その原因と対策を考える必要があります。多くの人は、最初に筋肉痛を訴えられますが、数日で消失するものは問題ありません。しかし、膝や腰の痛みが続くようであれば、歩き方やウォーキングコースに問題があるのかもしれません。膝が痛くなる場合は、路面が硬い場合や靴のかかとの厚みが薄いのかもしれません。また坂道や階段を取り入れたウォーキングコースでは足腰に負担が加わりやすいので、コースの見直しが必要かもしれません。

40歳代以降の人で膝が痛くなり、また腫れてきた（みずがたまった状態）人は、変形性膝関節症の疑いもありますので整形外科医の診察を受けてください。また歩き始めは調子がよいのですが、数分歩くと腰から足にかけて痛みやしびれがみられる人も医師の診察をお勧めします。痛みをがまんして歩くことはしないようにしましょう。

4．ウォーキングの具体的方法

ウォーキングを行う場合、いきなり歩くことはやめましょう。準備運動が必要で、その方法はストレッチが最適です。ストレッチの方法は別章に書かれていますので参考にしてください。なぜストレッチが重要かといいますと、歩く前に体中の筋を暖める暖機運転の役割があります。それにより脂肪が燃焼しやすくなります。その他、筋肉をストレッチして痛みがないかを確認することが重要です。ストレッチの段階で痛みがあれば休んだり、距離を短くしていくなど対策がとれます。

身体全体のストレッチを 10 分程度行ったのち、歩き始めましょう。まずは 20 分を目標にはじめ、慣れてきたら 30 分、40 分、1 時間と増やしていきましょう。20 分以上の運動で脂肪が燃焼されること頭にいれておきましょう。ウォーキングは毎日行うこといいのですが、都合によりできない人は、週に３回は歩くようにしましょう。１日のうちで連続した時間が取れない場合は 10 分×３回でもいいですから続けることが重要です。

5．ウォーキングを 継続させるための工夫

ウォーキングのメリットは前に書きましたが、長期間続けなくてはその効果は表れません。そのための長期間継続する方法を考えてみましょう。効果が目にみえて表れない時期は、歩いた距離や歩数を記載していくと励みになります。歩行時間でもいいですが、具体的にウォーキングで移動した距離の方が運動したという現実感がわくようです。そのためには歩数計を装着し、その歩数に歩幅をかけておおよその距離を記録していくとよいでしょう。自分の住んでいる町から目的とするゴールを決めて地図上で進行していくことも楽しいと思います。最近は歩数計の精度も向上し、ポケットやカバンに入れても計測可能な器機や（図５-６-b. c)、毎日の歩数データを記憶しコンピュータで管理できるものも販売されています（図５-６-a. c)。高機能なものであれば月に１回まとめてレポートを作成してくれるものまで販売されています（図５-７)。

その他の方法として、ウォーキングコースを工夫してみることです。毎日生活している町であっても歩いてみると意外な発見をすることがあります。休日には車で一度景勝地まで移動し、普段とは違う風景を見ながら歩いてみることも気分転換が図られ、歩行距離も伸びるかもしれません。た

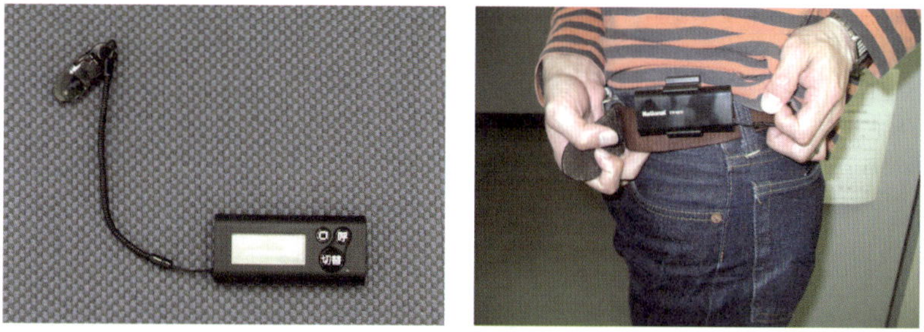

a. ナショナル製アクティマーカー

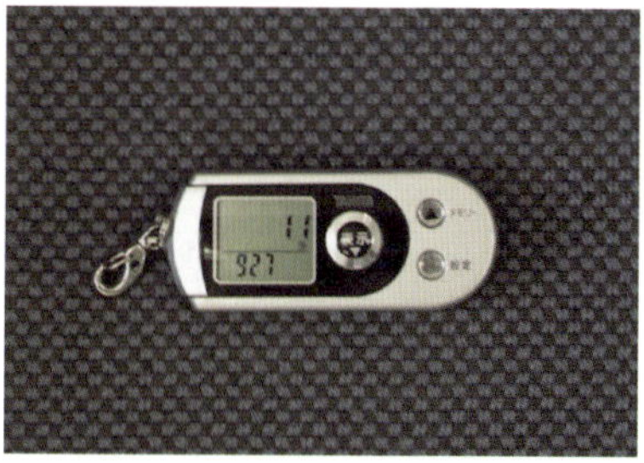

b. タニタ製3Dセンサ搭載歩数計

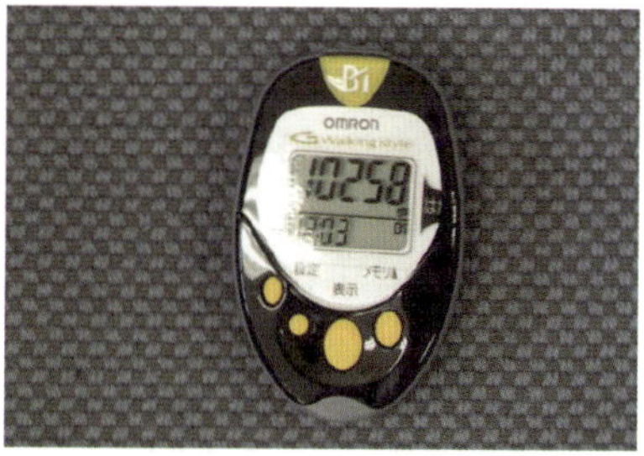

C. オムロン製ワーキングスタイル

図5-6　各種歩数計

だし、この際に注意しないといけない点があります。普段歩いている路面やコースと異なるということに気をつけなければなりません。特に段差や傾斜などには注意を払い転倒に気をつけて歩きましょう。もう一つは、この段差や斜面の程度によって普段のコースに比べ身体に加わる負荷量が増減することがあります。普段と同じ時間を歩いても心肺機能に及ぼす影響が異なることに注意が必要です。

著者らの実験結果から具体的にみていきましょう。実験に参加した人は健康な大学生 10 名（平均年齢 21 歳）です。三原市内のウォーキングコースや景勝地とされる、沼田川沿い遊歩道（平坦路）、須波海岸（砂浜）、御調八幡宮（傾斜道と階段）、佛通寺周辺（緩やかな上り道と階段）、白滝山登山道（急な上り道）の５つのコースを選択し、全員同じペースで 30 分間のウォーキングを行った時の心拍数を計測しました。各コース別の心拍

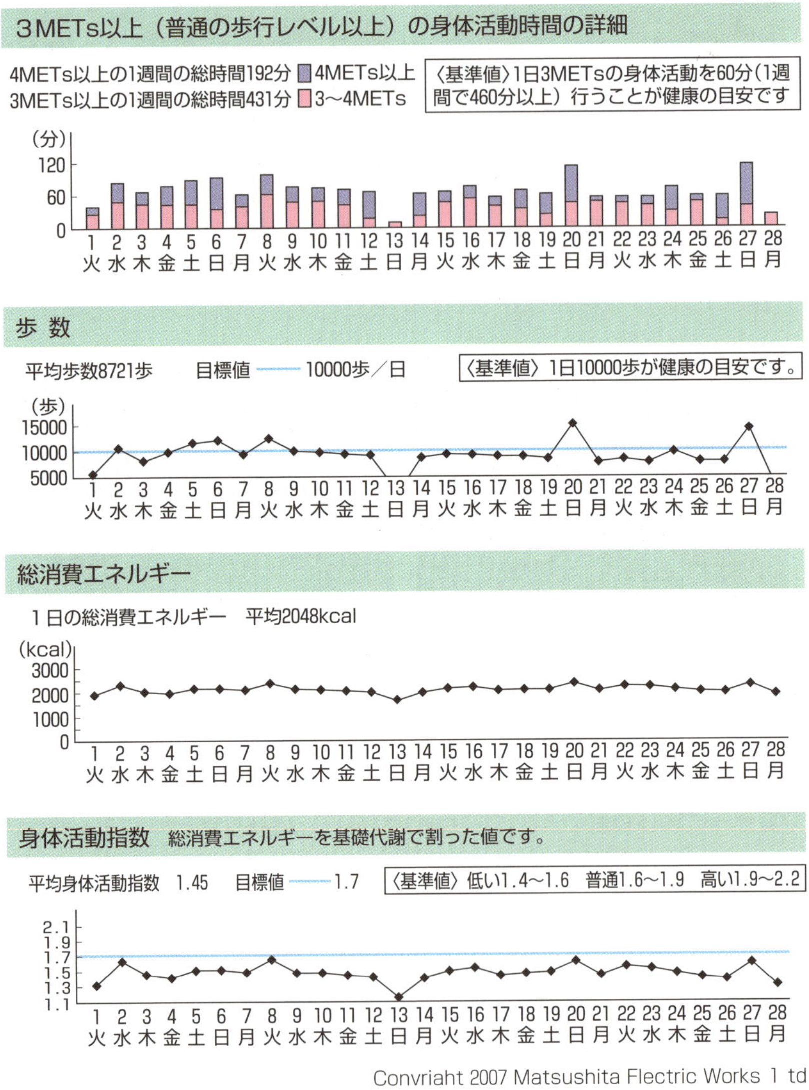

図5-7　月間レポートの一例

日毎に身体活動時間や歩数、消費エネルギーが出力される

数平均値の変動を図５-８～12に示します。縦軸に心拍数で横軸は経過時間を示します。

沼田川沿い（図５-８）は全体的に心拍数の変動が少なく、直線に近いグラフを描いていました。須波海岸（図５-９）の平均心拍数は110拍で、

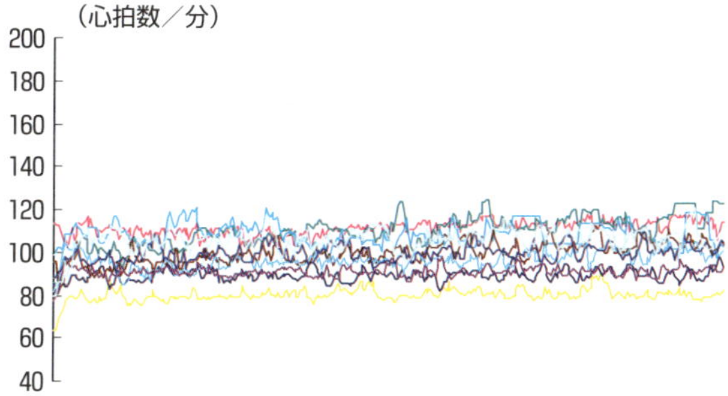

図5-8　沼田川沿い

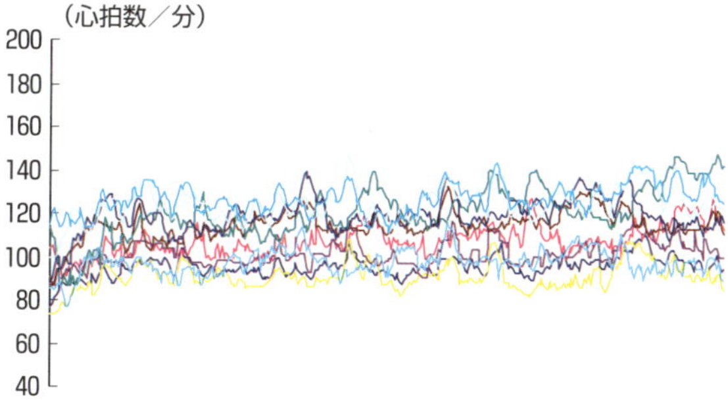

図5-9　須波海岸

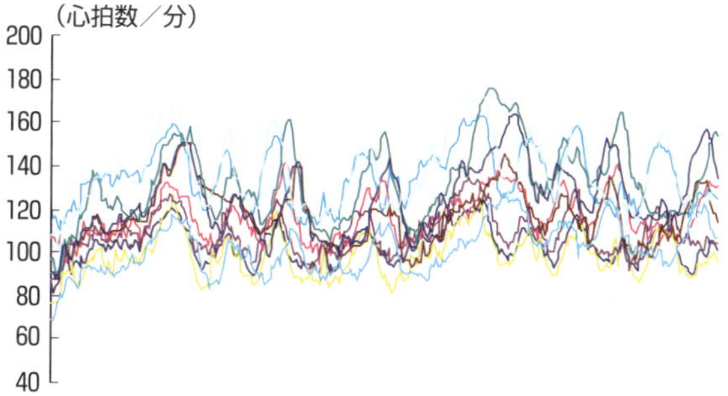

図5-10　御調八幡宮

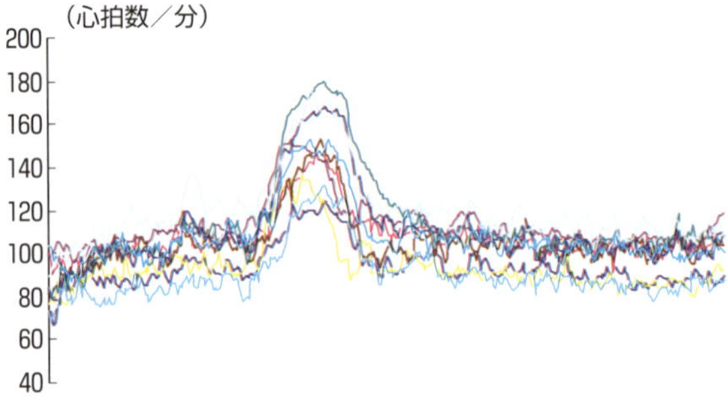

図5-11　佛通寺周辺

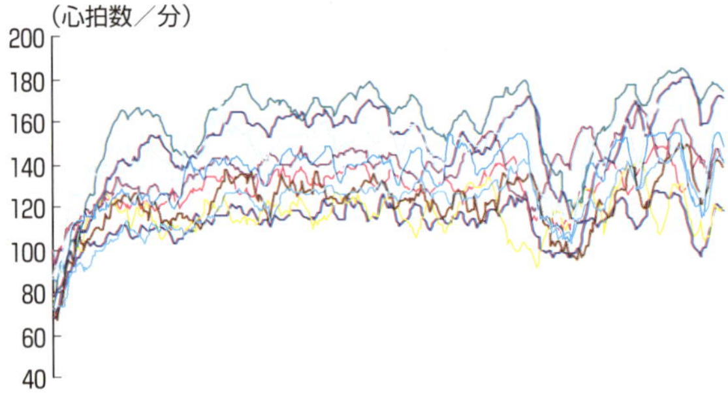

図5-12　白滝山登山道

沼田川沿いの平均心拍数100拍に比べると高いですが、全体的に心拍数の変動は少ないようです。この心拍数の差は、須波海岸は砂浜歩行であるため足の筋活動が高くなり、沼田川沿いの舗装路ウォーキングに比べ心拍数が高くなったものと考えています。砂浜歩行が足の筋活動や心肺機能によい影響を与えているものと考えられます。

御調八幡宮（図５-10）は、上り坂になると心拍数は急に増加し、下り坂では大幅に減少しました。佛通寺周辺（図５-11）では、平坦部分の平均心拍数は100拍であるのに対し、階段昇降時の平均心拍数は131拍と大幅に増加しています。白滝山登山道（図図５-12）は、スタート直後から心拍数が急激に増加し、歩き始めて２分後には平均心拍数は120拍を超えています。８分後には140拍前後となり、その後はほとんど下がることなく高いまま継続しています。歩行開始から20～25分後の傾斜が緩やかな道で心拍数は一時減少していますが、その後の上り坂でまた急激に増加しています。

以上みてきたように、同じ30分間のウォーキングであっても、そのコースの特性によって身体に加わる影響は大きく異なることがわかりました。今回は大学生が対象であったので膝や腰の痛みを訴えた人はいませんでしたが、コースによっては急斜面や階段も含まれていたので、自然の景勝を楽しむことと、身体に加わる負荷を考えてコースは決めたほうがいいでしょう。

自然景勝地のほか、歴史的建築物や神社仏閣を見学するコース、都会のオアシス発見コースなど自分でコースを作ることも楽しみの一つです。

6．おわりに

現代人は歩かなくなったといわれます。江戸時代の庶民は１日３万歩歩いていたそうです。公共交通機関が発展し自家用車も普及した現代こそ、意識して歩かないと飽食時代の影響も合わせ、すぐに肥満傾向になります。さら放っておくと、それは生活習慣病へと進展していくでしょう。ウォーキングは靴以外には特別な用具が不要で最も簡便なスポーツといえます。いくつかの注意点を守って楽しいウォーキングライフを送りましょう。

【文献】

１）健康日本21ホームページ：
http://www.kenkounippon21.gr.jp/kenkounippon21/about/kakuron/index.html
２）野川春夫『ウォーキングの心理的効用』『体育の科学』53：768-772、2003
３）近藤照彦、武田淳史、武田信彬、下村洋之助、谷田貝光克、小林功「森林浴効果の生理・心理学的研究」『日温気物医誌』71（2）：131-138、2008
４）田中聡、堂本時夫、沖貞明、加藤洋司、西原貞光、石井里枝、畠山典子、笠置恵子、安武繁、小山矩『形態・機能』６（1）：33-38 2007

（田中　聡）

第6章 砂浜歩行の効果と実践方法～運動学的分析から～

リハビリテーションや健康増進を目的とした運動の中に歩行練習があります。とくに足腰が弱っている高齢者や患者さんに対する歩行練習において床面状態は考慮すべき項目ですが、一般に平地を用いて実施されています。この平地での歩行については、これまでの研究で靴を履くよりもはだしで歩いた方が足、とくに足指に対して効果的な負荷を与えることが可能であることが判明しております。しかし、砂地に代表される不安定な路面についての効果検証は多くありません。

とくに県立広島大学保健福祉学部理学療法学科のグループが中心となって行った砂浜における運動負荷の研究から通常路面での効果とは異なる側面が判明してきております。前述した足指を強化する要素も含まれております。そこでこの章では佐木島における砂浜実験でわかった内容をご紹介し、今後の期待としてアンチエイジング（老化防止）への可能性と具体的な実践方法についてご提案したいと思います。

1．からだの動きからみた砂浜歩行

（1）人間の『歩』とは？

歩行は人間が最も得意とする移動手段です。最近では健康ブームに乗ってエクササイズ・ウォーキング（運動を目的とした歩行）という言葉をよく耳にするようになりました。移動手段であった歩行がダイエットや健康増進などスポーツの手段としての意味を持つようになったことがうかがえます。

それでは本来、歩行とは一体どんなことなのでしょうか？「右足を出して、左足を出すこと」と答えることができれば簡単なのですが、みなさんが普段何気なく行っている『歩く』という動作、実はとても複雑です。歩行を他の動物が真似出来ないのは、人間独自の骨の構造や筋肉の付き方、関節の動き方があるからだと言われています。歩行中には足指、足、膝、股、骨盤、胴体、手など多くの関節が同時に動きます。そしてこれらの関節がバランスよく動くことで、はじめてきれいな歩き方ができます。

きれいな歩き方をすると見た目が良いだけではなく、疲れにくい、関節の痛みが出にくい、早く歩ける、転びにくい、といった多くの利点があります。逆に正しくない歩き方をしていると、疲れやすい、関節や筋肉が痛む、転倒など悪い結果につながる可能性があります。

この章では正しいきれいな歩き方を学ぶために、まず人間の平地歩行中の体の動き方についてできる限り易しく解説していきます。続いて、これまで県立広島大学の研究グループが調査した砂浜歩行中の体の動き方について説明し、エクササイズとしての砂浜歩行の有効性について平地歩行と比較しながら述べていきます。

（２）歩くときの足と地面の関係

歩行を見るときには、足と地面の関係から２つの時期に分けて考えます。すなわち、「立脚期（足が地面に着いている時期）」と「遊脚期（足が地面から離れている時期）」です（図６－１）

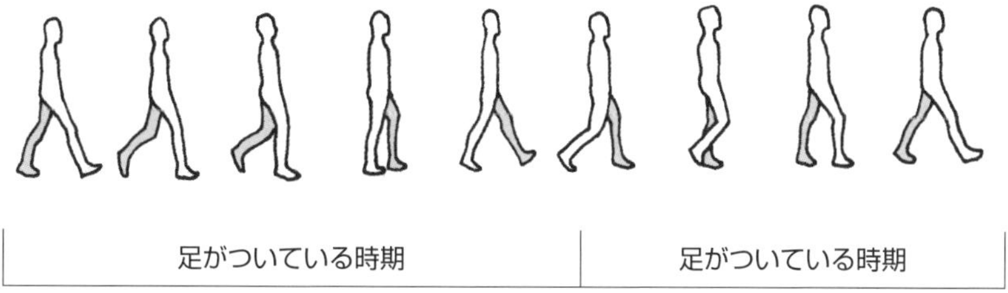

図6-1　歩行中の足と地面の関係は？？

二つの時期、すなわち立脚期と遊脚期の繰り返しにより歩行が行われていることが分かります。次に2つの時期を更に細かく分解していきます。

①立脚期（足が地面に着いている時期）の足の動き方

足が地面に着いている時期には、1．減速しながら着地の衝撃を和らげる時期（ストップ期）、2．片脚で全体重を支えバランスを取る時期（片脚支え期）、3．蹴りだして前に進む力を生み出す時期があります（蹴り出し期）。

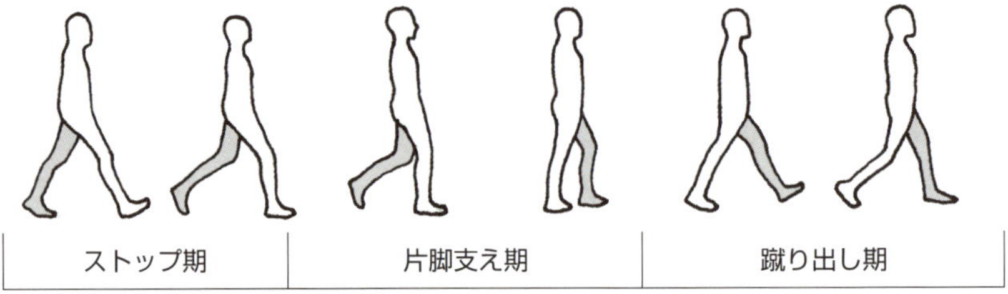

図6-2　立脚中の脚全体の動き方は

では、立脚中のそれぞれの関節の動き方はどのようになっているのでしょうか？　まず、股関節ですが曲がって着地し、伸びて蹴り出します。役割としてはボートのオールや水面下で行われるアヒルの水かきのようなもので、脚により地面を漕ぐ事で加速の為の大きな力を発揮します（図6-3）。この漕ぐ力が足りない場合、歩くスピードが遅く、歩幅が狭くなります。

図6-3　立脚中の股関節の動き方は？

次に膝関節ですが、着地時に軽く曲がって衝撃を和らげるためのクッションとしての役割を果たします。続いて膝は伸び、しっかり片足で体重を支える役割を果たします。着地時と蹴り出し時にはばねとして働き、地面から足を離すために立脚期の終わり頃には曲がり始めます（図6-4）。膝のばねが上手く使えない場合、着地の衝撃を吸収しきれず、膝関節自体、あるいは股関節や腰部に負担を与えると考えられます。

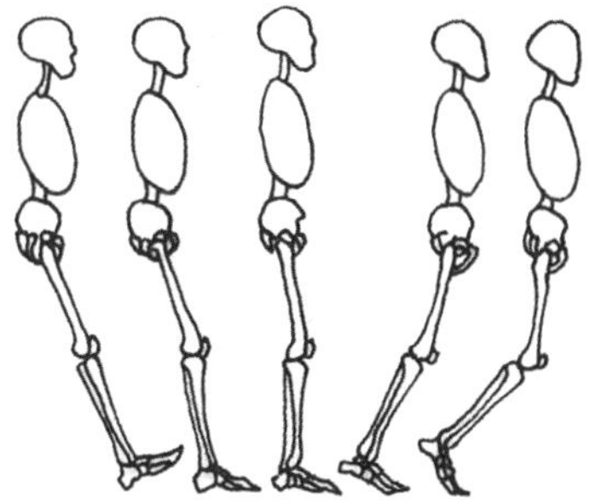

図6-4　立脚中の膝関節の動き方は？

次に足関節ですが、着地時、爪先は上を向いた状態です。着地直後から足首が回転（爪先が下に向く）します。この動きは踵が着地したときの縦方向の衝撃を前方に逃がす役割をします。これにより垂直に落下する力が前に進む力に変換されます。足関節にはもう一つ役割があり、立脚期の最後に地面を蹴る力を発生します。股関節の蹴る力が前方に体を押し進める役割だったのに対して、足関節の蹴る力は足を地面から離し、膝を跳ね上げて、地面につまずかなくする役割があります。

足にはもう一つ曲がる部分、足指関節があります。手指は作業する時に器用に動き人間の生活にとても役に立っていますが、足指はそれほど器用に動く事はできません。しかし、足指の役割は衝撃の吸収とバランスをとる役割を果たしており、手指の動きと同様にとても重要であると考えられています（図6-5）。

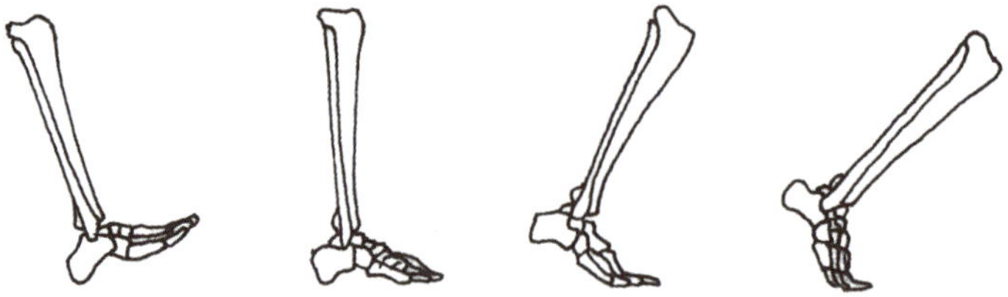

図6-5　立脚中の足および足指の動きは？

②遊脚期（足が地面から離れている時期）

次に、足が地面から離れている時期を見てみましょう（図6-6）。遊脚期には、1. 足を振り上げて地面につまずかないようにする時期（振り上げ期）、2. 着地に備えて足を前に振り出す時期（振り出し期）があります。

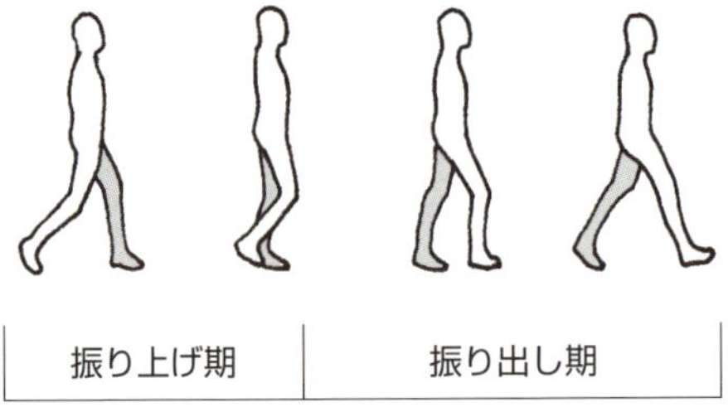

図 6-6　遊脚期の脚全体の動き方

では、遊脚期のそれぞれの関節の動きはどのようになっているのでしょうか？まず、膝関節の振り上げ期には、立脚中の蹴り出しの力が利用されます。立脚の終わりから曲がっていた膝関節の角度がこの時期に最大になります。そして振り出し期に移行していくのですが、足をおもりとした振り子のような感じで足を振り出していきます。

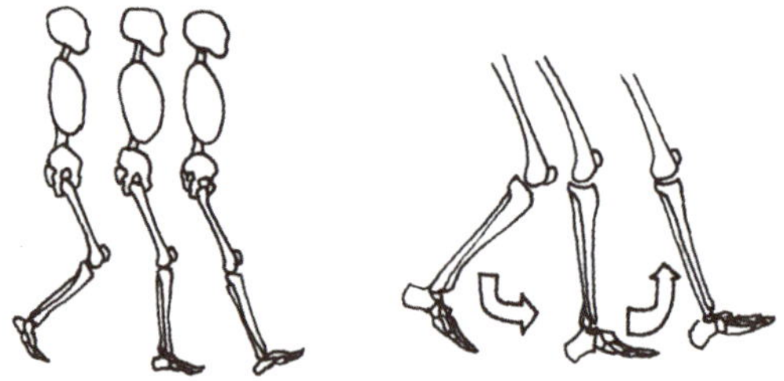

図6-7　遊脚中の膝関節の動き方

次に、股関節の動きですが、蹴り出し時に伸びていた股関節は膝関節の振り上げと降り出しに合わせて、伸びた状態から曲がった状態に変化します。前にボートのオールに例えましたが、丁度オールが水面から上がった状態です。足関節と膝関節、股関節を折り畳む事により、地面につまずかないように、振り出しやすいようにしています。

図6-8　遊脚期の股関節の動き方

以上、平地歩行時のそれぞれの関節の動き方について述べてきました。いかがだったでしょうか？　普段何気なく行っている歩行ですが、それぞれの関節が歩行の時期にあわせて、いろいろな働きをしている事がわかって頂けたと思います。

（3）砂浜歩行の特徴

2006年から継続して実施した研究活動の中で、砂浜歩行中の関節の動き方について調査しました。三原市鷺島にある長浜海岸（図6－9）にて実験を行いました。

①関節角度の計測方法

歩行中の関節角度の計測方法は、次の手順で実施しました（図6-10）。

a　測定する関節の部分にボールを付ける。

b　ビデオカメラで撮影する。

c　関節部分についたボールを線で結び線画を作成する。

d　歩行の時期に合わせて関節の角度を計測する。

図6-9　美しい砂浜が今なお残る『佐木島　長浜海岸』

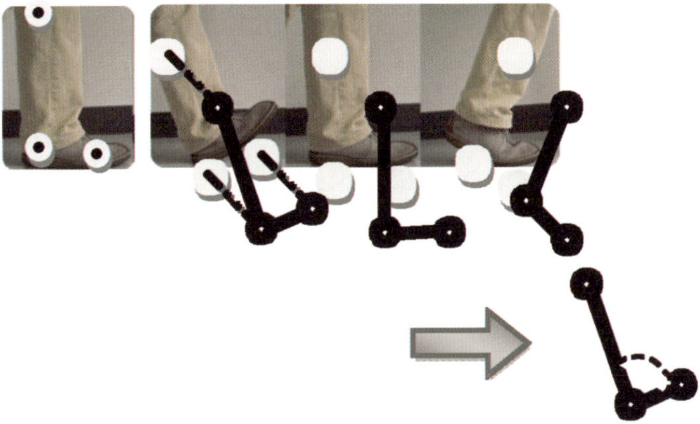

1：関節部分の決定→2：撮影→3：線画に起こす→4：角度の計測

図6-10　関節の動きを知るには？

（4）砂浜歩行の特徴は？

調査の結果、砂浜歩行と平地歩行では関節の動きが大きく異なり、トレーニングとしての砂浜歩行の有効性が考えられました。以下にそれぞれの関節に注目して説明をしていきたいと思います。

①足関節

砂浜歩行時の足関節の特徴として、ストップ期および蹴り出し期に足首の上向きの角度が大きくなることがわかりました。ストップ期の足首の角度は、つまずかないようにするために、わざと足首を上に向けて着地していたことが考えられます。また、蹴り出し期における足首の蹴り角度の減少は地面を蹴る力により砂浜が崩れる事で足を跳ね上げる力が発生できず、スリップしたような状態になったためと考えられます（図6-11）。爪先を上向きにするにはすねの横の筋肉を働かせる必要があります。お年寄りではこの筋肉が弱くなりやすいため、砂浜歩行がよいと考えられます。

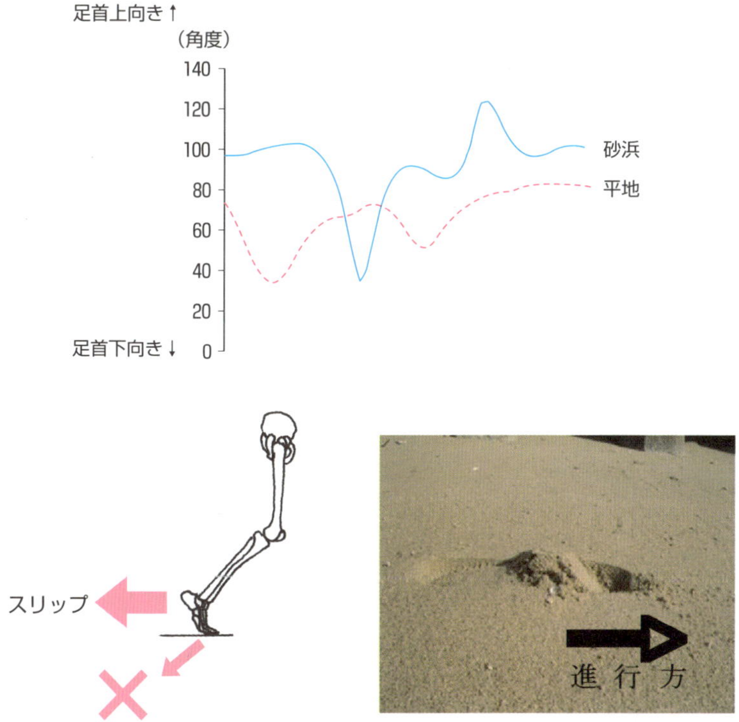

図6-11：足関節の角度変化および考察

②膝関節

次に膝関節の角度です。平地歩行時より砂浜歩行時で、ストップ期および片脚支え期、振り上げ〜振り出し期の膝関節の曲がる角度が増加する事がわかりました。立脚中は膝を曲げて歩く事で、バランスを取りながら歩いていたと考えられます。また遊脚中には膝を曲げ足を折り畳むことでつまずかないようにしていることが考えられました。また、足関節の蹴りを使わずに膝関節を振り上げるためには、股関節や膝関節を曲げる筋肉を使う必要があります。これらの結果から、砂浜歩行では足を高く上げるように歩く必要があることがわかりました。

脚筋力を付ける目的で行う、『モンキーウォーク』というトレーニングがあります。下右図のように膝を曲げたまま歩くのですが、砂浜歩行ではこのモンキーウォークと似た歩行になっています（図6-12)。このモンキーウォークでは太ももの前の筋肉とお尻の筋肉を鍛える事ができるため、砂浜歩行でも同じようにトレーニングできると考えられます。

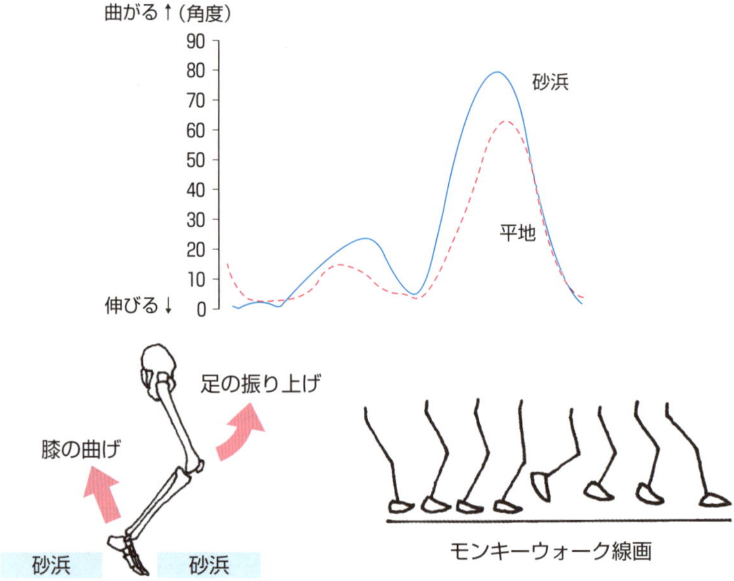

図6-12 膝関節の角度変化および考察

③股関節

蹴り出し期における股関節の伸び角度が減少し、片脚支え期および振り出し、振り上げ期の曲がり角度が増加する事がわかりました。股関節の伸び角度の減少は足のスリップにより体を前に押し出す力が発生しなかった事が原因に考えられます。次に、片脚支え期および振り上げ期、振り出し期の屈曲角度の増大は、膝関節の時と同様にバランスの保持とつまずかないようにするためだと考えられます（図６-13）。振り上げ期の角度の増大のためには股関節を曲げる為の筋肉である腸腰筋のトレーニングになると考えます。この腸腰筋は昨今テレビでも話題になりましたが、股関節の前側にある筋肉で、腰を真っすぐ伸ばす、下腹部を凹ませる、足を振り上げるなどの働きをしているため、つまずきにくくするという転倒予防の効果に加え、きれいなプロポーション作りや姿勢つくりによいかもしれません。

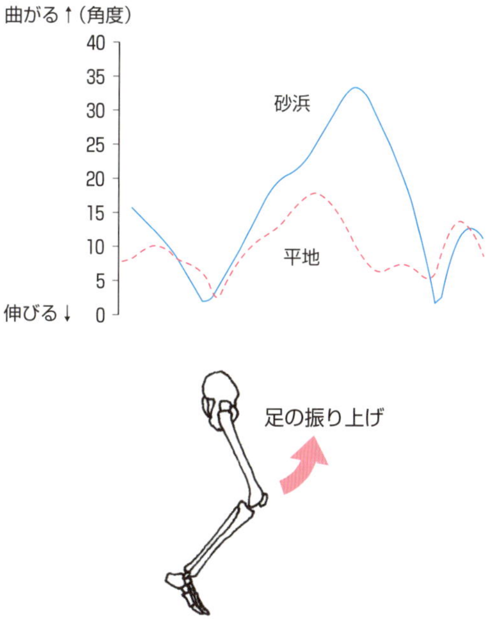

図6-13　股関節の角度変化および考察

（5）トレーニングとしての砂浜歩行の可能性

スポーツ選手は昔からトレーニングの一環として、砂浜での歩行や走行を取り入れています。私自身も選手時代に『粘り強さを養うため』と指導者に勧められて砂浜でトレーニングをしていた経験があります。

今回はそれらのトレーニングについて科学的根拠を得るための実験を実施してきたのですが、研究結果から平地歩行と比べ砂浜歩行では、蹴り出し期の推進力が発生しにくく前に進みにくいため、より『歩きにくい』歩行である事が確認されました。歩きにくさはトレーニングの時の負荷として利用が可能であり、足の筋力トレーニングやバランス能力の向上などに有効であると考えられました。また、歩き方自体の練習として、つまずきやすさを利用して足を高く上げる練習、前方向への進みにくさを利用して体をバランスよく前に押し進める練習などにも利用できるかも知れません。以上のような結果から砂浜歩行はトレーニングに利用可能であると考えられました。きれいな砂浜と海、山、人の温もりが残る佐木島で心も体もリフレッシュしながらトレーニングが出来れば最高ですね。

【文献】
1）臨床歩行分析研究会編『関節モーメントによる歩行分析』医歯薬出版株式会社　東京、2001
2）Kirstein Gots Neumann『観察による歩行分析』医学書院　東京、2006
3）山崎伸寿編『足の事典』朝倉書店　東京、2004
4）Jacquelin Perry『Gait Analysis』SLACK　USA、1992
5）嶋田智明監訳『筋骨格系のキネシオロジー』医歯薬出版株式会社　東京、2005

（長谷川正哉、島谷康司）

2．筋活動とエネルギー消費からみた砂浜歩行

（1）筋力について

リハビリテーション等の目的で歩行練習を行う場合、その多くは平地にて実践され、歩行という基本動作を通じてのバランス能力の向上が期待されていることが多いと思います。歩行は全身運動ですが人が移動するための基本中の基本動作ですから歩行を通じて筋力を鍛えるということはあまり実践されておりません。つまりそれだけ“歩行”そのものが効率のよい動作であるということができます。

図6-14は歩行を行っているときの筋の活動のタイミングを図式化したものです。足が地面に接触している立脚期を中心にほとんどの筋が活動していることが見て取れると思います。これは正常な歩行のデータですが最近の傾向として靴の使用や運動量の低下により足指が歩行や日常の基本動作で使われていないことが問題視されております。

では、足指を使わないと歩けないかというとそうではありません。最近の靴は「歩き易く」するための工夫が多く加えられているため、仮に足指を十分に使っていなくても代償できているのが実情です。しかし、本来の必要性を考慮するならば安易に妥協すべきことでないことも事実です。次に足指の動きの必要性について確認します。

高齢社会にともなう老人病学の研究が多方面で進められていますが、その中でも老人の足に対する注目は増加しています。その中で履物以上に足指の重要性が多くの先行研究により指摘されており、特に足指筋力の強化については動的・静的姿勢制御に効果があるとされています。

老人の履物と足指機能については、日常の臨床において身近な問題の一つとして認知されはじめていますが介護保険利用者に対しての調査はあまりありません。そこで、要介護度の違いが履物の選択ならびに足指機能との関連性を著者らの研究グループで検証した実績があります。その結果は

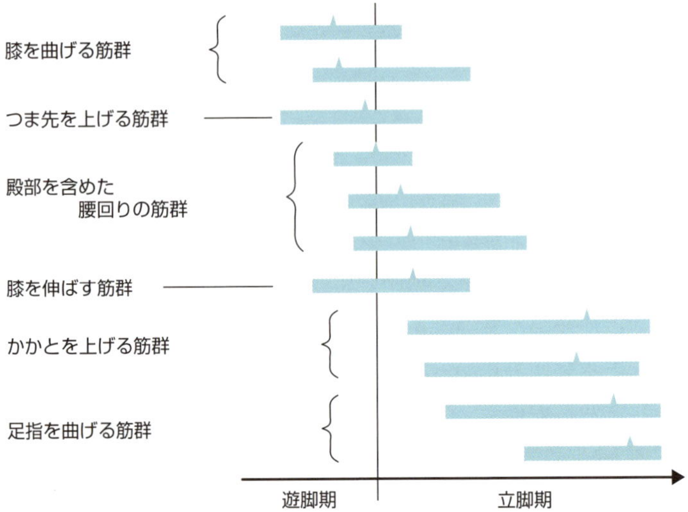

図6-14　歩行時の筋活動

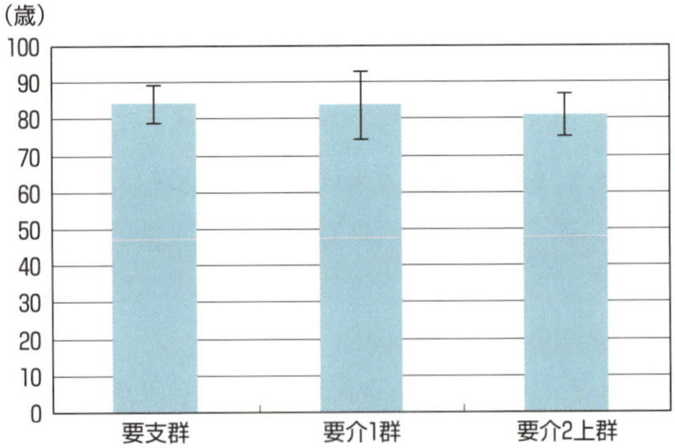

図6-15　介護度による年齢比較

以下の通りです。

調査の対象となった介護保険利用者の平均年齢は82.9歳で37名でした。なお、介護度の違いによる年齢差は見られませんでした（図6-15）。

履物の種類については、いわゆるリハビリ用の靴である“①リハシュ

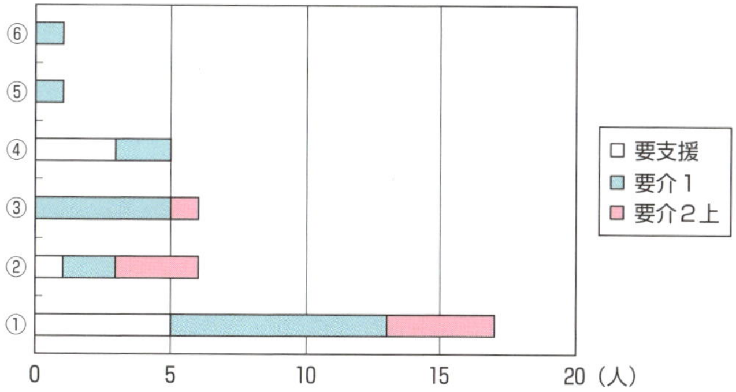

図6-16　履物の種類

図6-17　履物の種類
例：左から“リハシューズ”　“バンドシューズ”　“パンプス”

ーズ”が最も多く次いで“②バンドバレーシューズ（いわゆるズック)”、“③運動靴”、“④ローファー”、“⑤パンプス”、“⑥その他”の順番でした(図6-16)。

当然ながら動きやすいと考えられる“靴”が介護度の違いに関わらず選択されていることが伺えます。しかし、動きやすい・歩き易い靴ほど楽に歩けるという視点から、足指を使う機会が減ってしまうということも考えられます。実際に裸足と靴の着用による筋活動の分析結果からその傾向は確認されています。つまり、通常の歩行（靴着用状態）では足指運動に限ってですが効果的な運動になっていないことが予想されます。

なおこの調査では足指の動きに着目した評価として著者らの研究グループでは「足指ジャンケン」を使用しました。「足指ジャンケン」とは文字通り足指をもちいて“グー”“チョキ”“パー”の形を取らせることであり、完全にその形を作れるレベルから全く動かないレベルまでを段階付けし合計点にてその能力を判定するものです。この評価方法をまとめた表が次の通りです。これらの動きは実際に行ってみると結構難しいものが含まれています。得意・不得意の動きがあったとしてもほとんどの方が少し練習すればすべてできるようになります。けっして特別に難しい動きではありません。

表6-1　足指ジャンケン

肢位	グー	チョキ	パー
点数	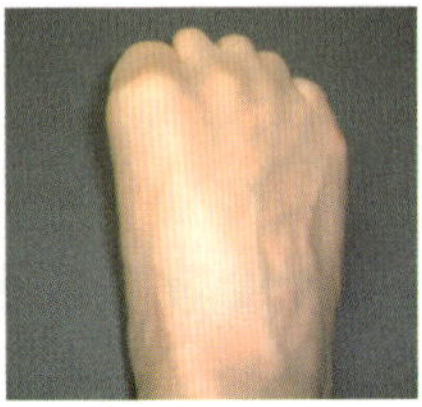	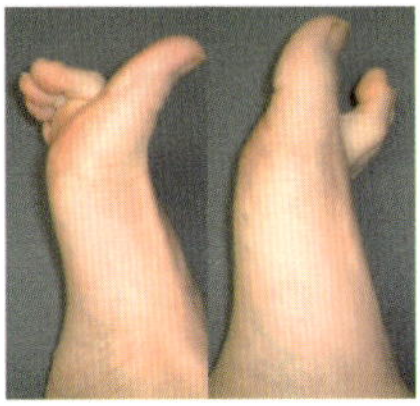	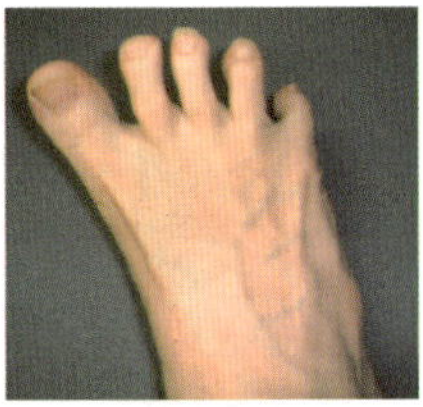
3	全趾屈曲	両方の肢位可能	足指外転にて 全趾の接触なし
2	屈曲していない 関節が１か所	どちらか一方の 肢位可能	足指どうしの 接触が１か所
1	屈曲していない 関節が2か所以上	わずかに母趾と他趾で逆 の動き（屈伸）ができる	足指どうしの 接触が2か所以上
0	全く動かない 〈点数１の基準未満〉	全く動かない 〈点数１の基準未満〉	全く動かない 〈点数１の基準未満〉

さて、前述してきた要介護度とこの足指ジャンケンの結果では介護度が上がるにつれて足指ジャンケンの点数が低いことが判明しました。やはり、身体機能と足指の動きについては関連性があるものと考えられ、歩行においても足指を使うことを心がける必要性を示唆しています。

これまでの話から足指を使うことの重要性がわかってきましたが、靴を履くと効果的でないこともわかっています。しかし、現実に裸足で外を歩

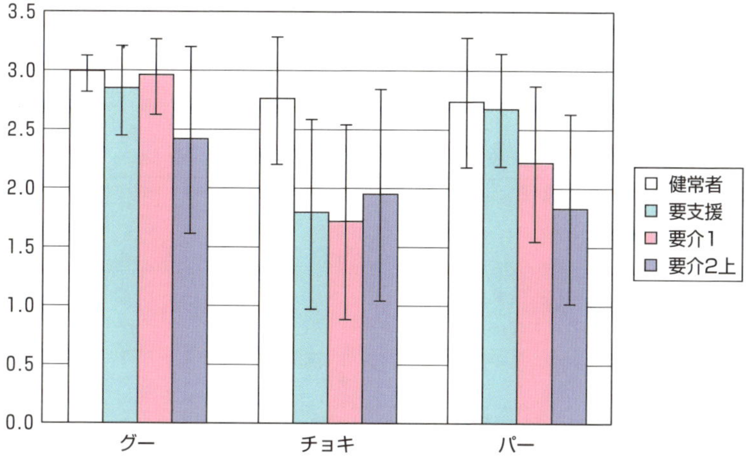

図6-18　足指機能による健常者との比較

く（ウォーキング）ことは現実的ではありません。そこで注目されるのが砂浜です。砂浜の歩行は先の「1．からだの動きからみた砂浜歩行」でも述べられていたように特異な動きになっています。この特異な動きが“足指の筋力”という側面において効果的に作用しているのではないかという仮説に基づいて筋電図を用いた実験を行いました（佐木島長浜海岸）。

母指外転筋とは足指を広げることに作用する筋であり、足を踏ん張るときにも強く活動する足指の運動に関係する筋です。実験結果を示した図6-19のグラフの３つの比較では一般道路の平地と砂浜の海側と岸側を比較しています。予想通り、平地に比べ砂浜の方が強い筋活動が得られることが判明したとともに興味深い点として同じ砂浜でも岸側と海側にて筋への負担が異なることも判明しました。すなわち、同じ砂浜であっても海側、つまり波打ち際は湿っているため比較的砂地が固い状態になっています。一方、岸側は砂が乾いている状態であるため、足が砂地に捕られるためより強い踏み込みが必要になると思われます。当然ながら乾いた砂地は柔らかいため、よりバランス能力が求められるのは言うまでもありません。

よって、ウォーキングとしての歩行を実践する場合、砂浜を用いることで足指の強化にも効果的であることが予想されます。実験場として使用した佐木島の砂浜はアスファルト道路と平行して存在しているのでその効果の差を体験しながらウォーキングを実践することができると思われます。

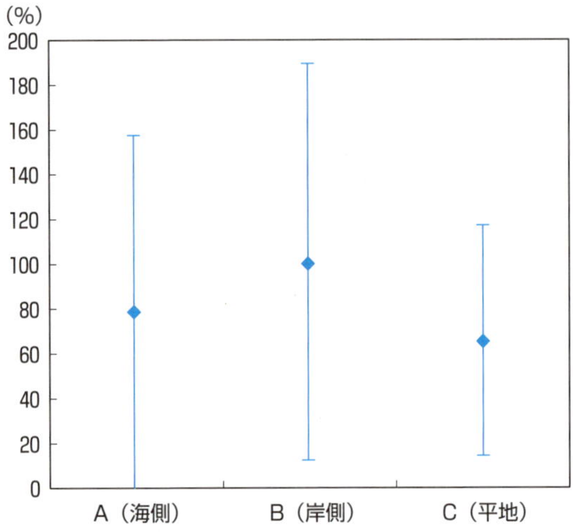

図6-19　母指外転筋の筋活動（%EMG）

（2）エネルギー消費について

歩行は前述したように下肢の複雑な運動の組み合わせであり、効率の良い動作です。効率が良いと言われてもピンとこないかも知れませんが、「歩行はゆっくり歩いても早く歩いても疲れる」と言われれば理解しやすいのではないでしょうか。

図６-20は草地と砂地における歩行時のエネルギー消費を示したものです。よこ軸が歩行速度、たて軸がエネルギー消費を示しています。草地に着目すると前述したように歩行速度が遅すぎてもエネルギー消費は高くなりますし、速く歩いても高くなることが明確であると思われます。このグラフからは時速４～4.5km付近での歩行が最もエネルギー消費が少ないことがわかります。一方、砂地に着目すると歩行速度を上げるについてエネルギー消費が上がっていることが見て取れます。つまり、通常の歩行と

は異なり、歩行速度上げれば上げるほどエネルギー消費が上がること意味しており、砂地による歩行については速度を調整することでその人に合った負荷を調整することができると言えます。砂地の方が単純なようですが逆に言えば歩行のように慣れ親しんだ動きではないことの証明でもあり、思った以上に負荷が生じるという危険性も含んでおり注意が必要です。いずれにしても通常の平地よりも砂地による歩行は効率的な全身運動効果が期待できると思われます。

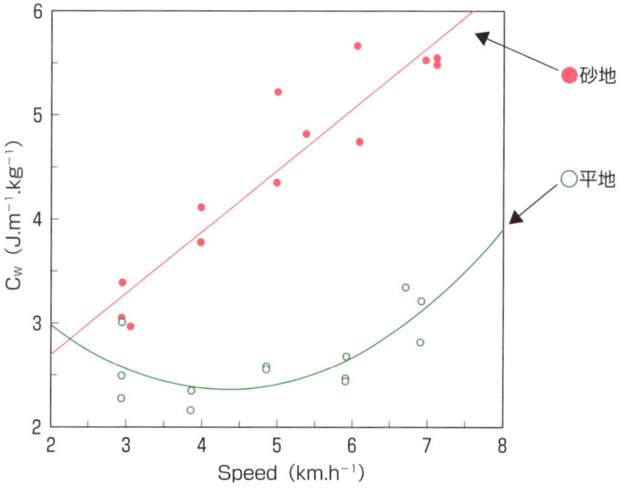

図6-20　平地と砂地におけるエネルギー消費

国が推進する「21 世紀における国民健康づくり運動（健康日本 21）」の中には健康づくりの手段としてウォーキングが紹介されており、その程度として「1日1万歩」という基準について報告されています。現にウォーキングを実践されている方には聞きなれた数字かもしれませんが、その根拠についてここで簡単に解説いたします。

海外の文献から週当たり 2000kcal（1日当たり約 300kcal）以上のエネルギー消費に相当する身体活動が健康維持に推奨されていることが根拠になっています。歩行時のエネルギー消費量を求めるためのアメリカスポーツ医学協会が提示する式を用いて、体重60kgの者が、時速4km(分速70m)、歩幅70cm、で10分歩く(700m、1000歩)場合を計算すると、消費エネルギーは30kcalとなるとされています。つまり1日当たり300kcalのエネルギー消費は、1万歩に相当するというのがポイントとなります。ここで注意すべきこととして根拠となる研究論文では“週当たり”のエネルギー消費を述べている点です。“毎日”ではないということです。つまり、これまでの民間療法において身体に良い運動となると「毎日の継続」というものがキーワードになることが多いと思いますが1日1万歩の根拠となる基準は週単位であるということです。よってこれまで述べてきた砂浜歩行を毎日継続することは困難であったとしても定期的に1回／週でも継続し、週単位のエネルギー消費を効率よく行い、いわばエネルギー消費の貯金として砂浜を利用するのはいかがでしょうか。ちなみに著者らが佐木島の長浜海岸で実施したエネルギー消費の実験では図6-21のような結果となっています。

このように砂浜の歩行ではエネルギー消費が高いことは明確で、前述した1日当たりの必要エネルギー消費である300kcalへは砂浜歩行を20分程度行うことで可能であるということがわかります。ただし、この実験の被験者は大学生であるという点とできるだけコンクリート上での歩行スピ

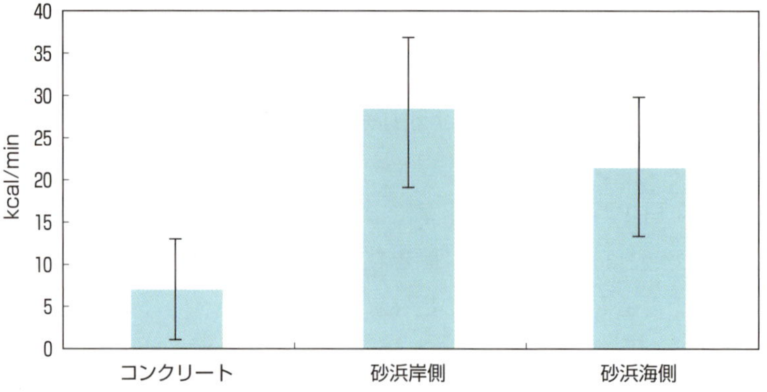

図6-21　各条件下におけるエネルギー消費費

ードと同じように歩くよう指示した結果ですので万人に保障される効果ではありません。しかし、コンクリート上での歩行よりも３～４倍の効果が期待できると思われます。

【文献】

1）藤原勝夫　他『身体機能の老化と運動訓練』日本出版サービス、1996
2）長谷川正哉　他「足趾機能が歩行に与える影響」『理療の臨研』15：53-6、2006
3）木藤伸宏　他「高齢者の転倒予防としての足指トレーニングの効果」『理学療法学』28：313-9、2001
4）金井秀作　他「高齢者の履物と足趾機能の傾向について」『理療の臨研』16：79-82、2007
5）金井秀作　他「砂浜はだし歩行の運動学評価」『日本人間工学会中国・四国支部大会講演論文集』39：26-27、2006
6）Paffenbarger RS Jr et.al「Physical activity, all-cause mortality and longevity of college alumni」『N Engl J Med』314：605-613、1986
7）P.Zamparo et.al「The energy cost of walking or running on sand」『Eur J Appl Physiol』65：183-187、1992

（島谷康司、金井秀作）

3．アンチエイジング（老化防止）としての砂浜歩行

昨今のウォーキングブームについては目を見張るものがあります。なぜ？　今、ブームなのでしょうか。メタボリックシンドロームの言葉の普及もあり、中高年者の健康に対する関心が高まったことが原因と推測されます。また、手軽に始められる運動であるということも大きいでしょう。そもそも“歩く”という行為は私たち人間にとって基本的動作能力であり、“移動する”ための手段であると言い換えることができます。移動する目的のほとんどは「今居る位置から異なる位置へ変化する」ことだと思われます。当然ながら現代のような電車、バス、バイク、自転車などが開発される以前はすべて歩行で移動を行ってきました。つまり、移動の代替手段の発達や普及が運動不足を招いている側面が大きいと考えられます。そこで基本動作である“歩行＝ウォーキング”（以下、歩行）の距離を伸ばして意識的に身体を鍛えるという発想が重要となります。

さて、歩行は基本動作であることは前述しましたが基本動作であるが故に身体へのあらゆる面での効果的な刺激が期待されます（図6-22）。

図6-22　歩行が与える身体への刺激

その効果とは、“脳の活性化”。“心肺機能の強化”、“骨粗しょう症予防”、“メンタルストレスの軽減”等、挙げればキリがありません。それらのなかでも注意したい項目として“脳の活性化”があります。これも具体的な項目を上げていくと「認知症予防」等数多くありますが、ここでは「意識して歩くことによる老人歩容の改善」について述べたいと思います。週1回以上の運動習慣がある人の習慣としている運動は何か？というある調査では40歳以上の方（対象約500名）で、1位は予想通りウォーキング（26.2%）だったそうです。他にもゴルフやジョギング、テニスと答えられた方が居られたようですが10%前後でした。それだけウォーキングへの関心が高いことがわかります。

ところでウォーキングの実践が身体に良いことはあらゆる文献やマスコミで報告されている通りですが、その姿についてはどれくらい関心があるのでしょうか。例えば図6-23は健常歩行といわゆる“老人歩行”を示しています。どちらが老人歩行かいうまでもありませんが左側が老人歩行を示しています。先に述べた歩行による身体への効果を求めたとしても歩容が老人歩行ではいかがなものでしょうか？　確かに老化現象は避けて通ることができませんがちょっとした心がけやある動きを意識するだけで歩容は変化します。

図6-23　老人の歩容

では、具体的に老人の歩容とはどういった姿を意味するのか簡単にポイントを絞って見てみましょう。老化そのものは全身に生じるものなので一つ一つ若者の歩容と比較してもキリがありませんのでここでは６つご紹介したいと思います。

（１）POINT：顔の向き

次に述べる胸の張りにも関係しますが高齢者の方の多くは足元ばかりに気を取られ、全身の動きが小さくなる傾向があります。転倒予防のため普段から足元に気を付けることは重要ですが明らかな平地でウォーキングを実践する状況であるならば、あえて老人歩容で実践する必要もありませんのでまず遠くを見るように心がけましょう。

（２）POINT：胸の張り

前述した顔の向きと同様ですが顔を上げると同時に胸を張るように心がけましょう。老化＝円背は周知の通りですが、骨の問題（脊柱の圧迫骨折など）がないにも関わらずいわゆる癖でそのような姿勢になっている方が多く見られます。まず、胸を張ることで体幹姿勢の矯正と顔の向きも良くなると思われます。

（３）POINT：腕の振り

わずかな動きですが腕の振りのある・なしで歩容は大きく異なります。特に意識したい点は腕を後方に振ることです。腕を振ることを意識すると多くの方はダンベル体操のように前方に大きく振り出すことで済まされているようです。しかし、実際の腕の振りは後方へ意識するだけであとは体幹や骨盤の回旋により自然に腕が降られるようになります。筋活動の分析においても健常者の歩行では前方へ腕を振り出すための筋活動はほとんど見られないとされていることからも明確です。まず、腕を後方へ振ることを意識しましょう。

（４）POINT：足幅を広く

年齢を重ねるにしたがって歩行の速度が落ちたと実感される方は多く居られると思います。当然、筋力等が弱くなってくるとその影響は歩行速度に関わってくることあります。しかし、この歩行速度を決定付けているものは大きく分けると２つあります。すなわち、足幅と歩調と言われるものです。足幅とは、例えば右足が接地してから左足が接地するまでの距離を示しており、歩行時のステップ幅と言い換えることができます。もう一方の歩調とは、１分間当たり歩数を意味しています。当然、速く歩けばこの歩調が増加することは想像できますが、あまり速く進まなくてもチョコチョコと小刻みに歩いても歩調が増加することから歩行の速度を考える場合、歩幅が重要になります。

図６-24 は歩幅と歩調の関係を示したものです。若年群を見ると歩調の

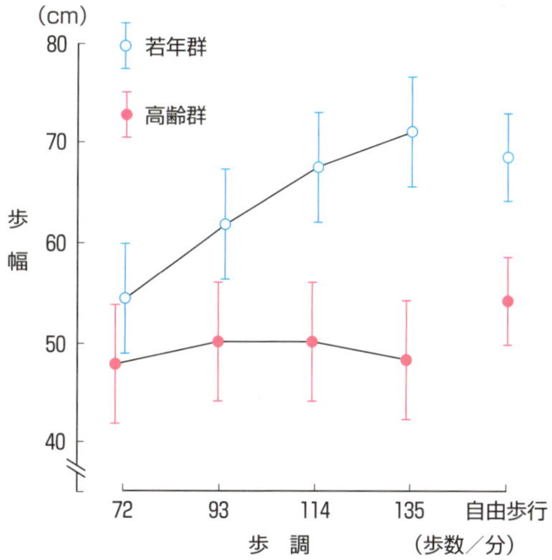

図6-24　歩行と歩調の関係

増加に伴って歩幅も広がっていくことがわかると思います。しかし、高齢群は歩調が増加しても歩幅が広くならないことが見て取れます。すなわち、老人の歩行では歩行速度を上げるとチョコチョコと歩数だけが増加する小刻み歩行になり易いことを示しています。よって、歩容改善のためには歩幅を大きくして歩きましょう。

（5）POINT：踵から接地

歩行の姿を臨床で分析するとき便宜上、歩行動作を周期に分けて分析します。この点について詳細はこの章の１．からだの動きからみた砂浜歩行の（2）で述べていますので割愛します。この周期における分析でセラピストや歩行分析の専門家がまず着目する点が最初に接地する足の場所です。通常は踵《かかと》接地といって踵から接地するものですが脳卒中や何らかの神経症状を有する方はつま先や足底の外側から着くことが多く異常歩行の発見の糸口にしています。この踵接地が重要であることの詳細は前述した節に述べられています。ともかく、歩容改善のためには踵から接地することを意識して歩きましょう。

（6）POINT：つま先まで踏み込む

前述した（４）POINT にも関係しますが足幅を広げるためにはしっかりと踏み込むことが必要となります。この踏み込みについても足指を使うことが重要性となります。一般に歳を重ねるにしたがって足先まで踏み込んで歩くことなく、ペタペタと小刻みに歩く傾向があります。当然、その歩行では足底にかかる圧は足指までかかることはありません。足指そのものや爪をケガした経験のある方はわかると思いますが、その場合、通常の速度で歩くことはできません。逆に言えば、小刻みにある傾向が強い方は足指を十分に使っていないことが予想されます（パーキンソン病など中枢神経疾患に基づくものは除外します）。よって、足を鍛えるという視点で歩行を行う場合はできるだけ、つま先まで踏み込むことを意識し、可能であれば裸足で実践することをお薦めします。ただし、体力増強という視点で歩行を行う場合、裸足で足指を意識しすぎると体力強化の効果がでる前に足部の筋疲労が生じますのでお薦めできません。もちろん、老人歩容の改善という視点においては前者の裸足歩行を推奨します。

最後にこれまで挙げてきたPOINTは陸地でも実践できますが、より足部への負荷を高め、心理的爽快感も期待できると思われる砂浜歩行での実践について紹介したいと思います。次の図６-25はこれまで述べてきました「歩行と足指」についての先行研究および「佐木島での砂浜歩行」の実験結果から「砂浜歩行のチェックポイント」としてまとめたパンフレットです。歩容改善のポイントは陸地における実践方法と同じですが砂浜ならではの注意事項として波打ち際を歩く方法と岸側を歩く方法では負荷大きく異なることが挙げられます。つまり、砂浜歩行初心者として実践する場合は、波打ち際を歩くことを推奨します。波打ち際は海水を多く含んだ砂地であるため踏み込みが行いやすく必要以上に足が埋もれて足を捕られることがありません。また、波の音などを楽しむことができます。しかし、岸側になればなるほど砂質は乾き、足部もより沈み込み、前述した波打ち際の特徴とは反対の条件となります。さらに心肺負荷の強度も自覚している以上に高いことがあるため注意が必要です。

すべての健康増進運動に共通することですが体への強度がなによりも大切です。まずは「弱すぎるのでは？」と感じる程度から始めてください。過剰な健康志向を皮肉った笑い話として、「健康のためなら死んでも良い！？」と必要以上に運動に励んできる人を揶揄することがあります。運動を行うきっかけとなった“初心”を忘るべからずでありたいものです。

砂浜歩行のチェックポイント

県立広島大学保健福祉学部　大塚教授研究グループ　v2007.10

★歩く場所：○ゆっくりマイペースであるくのならば

⇒ 波打ち際を歩きましょう

↕ 任意で加減

○慣れた後にしっかりと歩くならば

⇒ 岸側の砂浜で歩きましょう

★歩容　①目線は足元でなく遠くを見ましょう

②胸を張るようにし体が過度に後傾しないように注意しましょう

③地面をしっかり（あしゆびを意識して）と踏みつけよう

④つま先を上げるように意識しましょう

⑤腕を前後に振る場合、後方を意識しましょう

⑥腿（もも）はできるだけ高く上げましょう

⑦効果的に足幅Stepが広がり頭部の動揺が最小限になるように意識しましょう

★リスク管理：△心臓負担について

→最適運動負荷心拍数を超えないようにしましょう

⇒ ＿＿＿＿＿ ＝｛(220－年齢）－安静時心拍数｝×0.6+安静時心拍数

△筋疲労について

→つま先が地面にひっかかりはじめたとき

→筋肉がつっぱった様ない和漢を感じたとき

⇒ スピードを落としながら少し歩いてから休憩しましょう

メモ

図6-25　砂浜歩行のチェックポイント

【文献】
1）Murray, M. P et.al「walking patterns in healthy old men」『J.Geront』24：169-178、1969
2）金井秀作 他「動作筋電図による裸足、整形靴及び下駄の歩行分析」『靴の医学』18：42-6、2005
3）泉嗣彦『医師がすすめるウオーキング』集英社、2005

（大塚　彰、金井秀作）

おわりのことば

三原市観光文化課　課長　小 玉　弘 尊

事の起こりは、平成18年度に県の補助事業として実施した“ロングステイ型観光推進事業”でした。この事業において、何をセールスポイントにして事業展開するかということで悩んでいた私たちに、砂浜歩行について研究されていた県立広島大学（以下、大学）さんから“健康”というキーワードを提示していただきました。

“健康”をテーマにした旅行商品が全国に多々存在する中で、三原市独自のカラーを演出するため、大学での健康テストと講義、佐木島での砂浜ウォークを二本柱にメニューを組み立て、佐木島の皆さんにも本事業に積極的に関わっていただくことにいたしました。

この事業における大学の存在は、地域の巨大なシンクタンクとして欠くことができないものであり、大学なくして本事業は成立しなかったといっても過言ではありません。事業の成果としましては、新しい旅行商品の開発もさることながら、“さぎしまを愛するボランティアガイド”の創設、学生たちのトライアスロンさぎしま大会参加など、佐木島と大学とのご縁は一層深まってきているようで、事業を仕掛けた側としては嬉しい限りです。

さて、ガイドブックの編著者である大塚先生とは、平成19年度「国土施策創発調査事業」（国の補助事業）の一環で、日本一寒いといわれる北海道の上士幌町糠平温泉に同行させていただきました。先生は、二泊三日の慌しい日程の中で、単に業務を遂行するというだけでなく、この事業をいかにして発展させるかという視点を持って行動され、国に提言した「健康休暇」の実現に向けて、フォローアップ会議を三原市で開催するという目標を設定され、過日第1回目の会議を開催するに至りました。このことを契機にして、再び全国的な新しい事業を三原市で実施することができれば、大学にとっても三原市にとっても、絶好のアピール機会となるものであり、今後の動向に大いに期待しています。

最後になりましたが、このガイドブックが三原市と大学、そして佐木島との架け橋になることを祈念いたしまして、おわりのことばといたします。

執筆者一覧

赤岡　功　（県立広島大学理事長・学長）……第１章

大塚　彰　（県立広島大学保健福祉学部）……［編集］、第６章　3.

沖　貞明　（県立広島大学保健福祉学部）……第３章

小野　武也　（県立広島大学保健福祉学部）……第４章

田中　聡　（県立広島大学保健福祉学部）……第５章

金井　秀作　（県立広島大学保健福祉学部）……第６章　2.・3.

島谷　康司　（県立広島大学保健福祉学部）……第６章　1.・2.

長谷川正哉　（県立広島大学保健福祉学部）……第６章　1.

三原市鷺浦町コミュニティ推進協議会………第２章

●佐木島ガイドブック作成グループ●

開本　益夫	土田 美千恵	奥野 征代	船附 満里子	白須 奈津子
新開　文子	引地 冨士子	岡田　瞳	奥野　敏子	小谷 多美子
塩本　芳夫	西原 しのぶ	西原　宏	西原　宏枝	引地　典子
平木 多鶴子	開本 加代子	松岡 百合子	中村　玉子	計19名

健康応援都市みはら

― 佐木島ガイドブックを持って砂浜を歩こう ―

2009年3月3日　初版第1刷発行

■編 著 者――大塚　彰
■発 行 者――佐藤　守
■発 行 所――株式会社大学教育出版
〒700-0953　岡山市西市855-4
電話(086)244-1268㈹　FAX(086)246-0294
■印刷製本――サンコー印刷㈱
■装　　丁――ティーボーンデザイン事務所

ISBN978－4－88730－890－9